사주명리로 부자되기

# 주식 투자 치트키

# 사주명리로 부자되기 주식 투자 치트키

netmaru

# 차례

## 제7장 돈이냐, 명예냐 그것이 문제로다

## 제8장 사주명리로 나에게 맞는 업종 고르기

## 제9장 절대 주식 투자를 해서는 안 되는 시기

# 들어가기

    돈을 많이 벌어 행복한 삶을 살고자 하는 것은 인간의 오래된 욕망입니다. 그래서 모두가 재물을 얻기 위해 애쓰지만, 실제로 그 목표를 달성한 사람은 그다지 많지 않습니다. 다소간의 차이는 있어도 모두가 쪼들릴 정도의 삶은 살지 않습니다. 그럼에도 불구하고 목표를 달성하지 못하였다고 본인 스스로 느끼는 것은 그만큼 재물에 대한 사람들의 눈높이가 높다는 반증입니다.

    사람들은 주식 투자를 가장 빠른 시간 안에 자신의 욕구를 충족시킬 수 있는 수단으로 생각합니다. 그래서 많은 투자자가 주식 시장에 모여 욕구 충족을 위해 달립니다. 하지만 주식 시장에서 크게 성공했다는 사람은 뉴스에만 나올 뿐, 나를 비롯하여 내 주변에는 성공한 투자자가 많지 않습니다. 그만큼 주식 투자로 재물을 얻기가 쉬운 일은 아니란 뜻입니다.

    특히 금융 시장의 변화 속도가 빨라지고, 변동성이 커지는 것은 그만큼 불확실성도 높아진다는 것을 의미합니다. 그 속에서 시세를 따라잡으며 투자한다는 것은 어렵고도 어려운 일입니다.

주식 투자는 의사결정의 연속입니다. 어떤 종목을 골라야 할지, 또 얼마에 사고팔아야 할지, 지금이 사는 때인지, 아니면 파는 때인지를 정확히 알지 못하니 매매 결정이 어려운 것은 더 말할 필요가 없습니다. 주식 시장에서 매매하는 투자자들은 제한된 정보를 가지고 있으므로 '제한된 합리성'*에 기댈 수밖에 없습니다. 그래서 행동경제학에서는 불확실한 상황 또는 제한된 합리성에 기대야 할 때는 '휴리스틱 Heuristics 기법'**을 사용합니다. 휴리스틱은 우리말로 콕 집어 말할 수 있는 단어가 없는데, 흔히 '발견적 방법'이라 부릅니다.

휴리스틱을 이해하기 쉽게 설명하면, 시각 장애인이 흰색 스틱 하나만 가지고 산 정상에 오르는 것으로 이해할 수 있습니다. 그가 어떻게 정상에 오를 수 있을까요? 아마 한 걸음을 걸은 후 스틱을 휘저어 보고, 스틱이 걸리는 쪽이 오르막이면 그쪽으로 한 발 다가가서 다시 스틱을 휘저어 보는 작업을 반복하며 한 걸음씩 정상을 향해 가는 것입니다. 그래서 휴리스틱을 발견적 방법이라 하는 거죠.

불확실한 시대, 불확실한 상황에서 주식 투자자에게 나침반과 같은 것이 존재한다면 얼마나 좋을까요? 그래서 고민한 것이 바로 사주명리와 주식 투자의 접목이었습니다. 그동안의 연구 결과에 따르면 부자가 된 사람이나 큰 성공을 거둔 사람들은 공부를 제일 잘하거나

---

\* 정보를 처리하는 능력이 제한된 상태에서 가급적 합리적인 과정을 성실하게 이행하는 것

\*\* 불충분한 시간이나 정보로 인하여 합리적인 판단을 할 수 없거나, 체계적이면서 합리적인 판단이 굳이 필요하지 않은 상황에서 사람들이 빠르게 사용할 수 있도록 보다 용이하게 구성된 간편추론의 방법

능력이 가장 뛰어난 사람이기보다는 운이 좋은 사람들이었습니다. 사람이 살아갈 때 운이 결정적인 성공 요인으로 작용할 수 있다는 것입니다.

사주명리는 미신이 아니라 수천 년에 걸쳐 연구가 이루어진 동양의 자연 철학 사상입니다. 음양 陰陽 과 오행 五行 을 통해 자연의 일부분인 인간의 명 命 과 운 運 을 가늠하는 동양 학문입니다.

재물운이 좋은 사람과 나쁜 사람, 그리고 관운이 좋은 사람과 나쁜 사람은 모두 우리 가운데 섞여 있습니다. 타고난 사주에는 재물운이나 관운이 없다고 해도, 시간이 지나면서 맞이하는 운에는 재물운도 올 수 있고, 관운도 올 수 있습니다. 그래서 사주명리를 이해하면 나는 얼마나 재물을 담을 수 있는 그릇인지, 그리고 그 재물을 어느 타이밍에 취할 수 있는지를 가늠할 수 있습니다.

모든 투자자가 1년 365일 내내 주식 투자를 해야 하는 것은 아닙니다. 재물운이 활성화될 때는 공격적으로 투자하고, 재물운이 약해지면 보수적으로 자산을 관리하는 것이 필요합니다.

이 책은 경영학자면서 주식 시장의 최고 전문가로 자부하는 저자가 사주명리를 공부하면서 발견한 내용을 책으로 엮은 것입니다. 이 책이 내게 재물운이 있는지, 어느 때 재물운이 활성화되는지, 내 사주와 맞는 업종이나 종목은 무엇인지를 알아보고, 그것에 맞게 투자하는 '투자의 나침반'과 같은 역할을 하리라 믿습니다.

특히 주식 투자나 사업으로 성공한 사람들의 사주 풀이 사례를 통해 사주명리에 대한 이해를 높이고, 운의 흐름을 검증할 수 있을 것입니다. 다만, 이 책에서 사용된 유명인들의 사주명조는 인터넷에 나와 있는 것을 사용한 것으로 실제와는 다소 차이가 날 수 있다는 점은 미리 밝혀 둡니다. 그리고 몇몇 사주 해석 방법은 스승이신 김대영 선생의 관법을 차용해서 쓰고 있다는 것도 아울러 밝혀 둡니다.

4차 산업혁명은 여전히 진행 중입니다. 이는 전혀 새로운 산업이 나오는 것이 아니라, 기존의 개념들을 서로 융복합Convergence 하면서 새로운 가치를 창출하는 것입니다. 그런 점에서 동양학의 정수인 사주명리와 주식 투자의 융합은 새로운 가치를 창출하는 4차 산업혁명의 한 사례로 남을 것입니다.

주식 투자는 나 자신을 잘 알고, 그에 맞는 적절한 투자를 했을 때 성공 가능성이 커집니다. 이제 투자의 나침반인 사주명리로 무장하고, 주식 투자라 하는 전쟁터에서 성공할 수 있는 전략을 함께 찾아보기를 희망합니다.

모든 투자자가 성공 투자에 이르러서 행복한 사람이 많아지고, 그를 통해 밝은 세상이 이루어지기를 바랍니다.


**경영학 박사 강병욱**

# 사주 해석은
# 이렇게 시작하면 됩니다

사주명리를 공부하고 난 뒤, 사주를 해석하려 하면 막막한 생각이 듭니다. 천간天干과 지지地支의 스물두 글자를 읽을 수 있지만, 그다음 해석의 첫걸음을 떼는 것이 어렵기 때문입니다. 하지만 사주 해석이 그렇게 어려운 것만은 아닙니다. 사주원국을 이해하고 대운의 흐름을 파악하여 사주원국에 대입하면 됩니다. 각 글자 사이에 나타나는 변화를 이해하기 위해서는 조금 더 깊게 공부해야 하지만, 나와 내 가족의 대체적인 사주 흐름을 파악하는 정도는 쉽게 배울 수 있습니다.

따라서 간단하게 사주 구성과 해석 방법을 살펴본 뒤, 본문에서 심도 있는 해석 방법을 공부하도록 하겠습니다.

## 사주원국을 이해합시다

### 사주원국

사주원국四柱原局은 자신이 태어난 생년, 생월, 생일, 생시를 말합니다. 하나의 기둥에 각각 두 글자씩 구성되어 있어 이를 사주팔자

四柱八字라 부르기도 합니다.

## ① 궁위로 본 사주 구조

사주명리를 처음 공부하는 사람들이 갖는 고민이 있습니다. 만세력으로 사주를 뽑았다고 해도 그것이 어떤 의미를 지니는지 모른다는 것입니다. 따라서 지금부터는 사주 해석의 첫걸음을 떼 보려 합니다.

사주四柱는 연주年柱, 월주月柱, 일주日柱, 시주時柱와 같은 4개의 기둥으로 되어 있습니다. 일반적으로 사주는 궁위宮位로 그 의미를 표시할 수 있습니다. 궁위는 육친六親*의 장소입니다. 다음 표는 사주와 각 궁위가 의미하는 육친입니다.

### < 사주와 각 궁위가 의미하는 것 >

| 시주<br>자녀 | 일주<br>본인과 배우자 | 월주<br>부모 또는 형제 | 연주<br>국가, 조상, 부모 |
|---|---|---|---|
| 시간<br>아들 | 일간(일원)<br>본인 | 월간<br>부친 또는 남자 형제 | 연간<br>조부 또는 부친 |
| 시지<br>딸 | 일지<br>배우자 | 월지<br>모친 또는 여자 형제 | 연지<br>조모 또는 모친 |

### • 연주(年柱)

국가, 조상, 또는 부모 자리를 말합니다. 특히 연간年干은 할아버지 또는 아버지를, 연지年支는 할머니 또는 어머니를 의미합니다. 연주를 국가 자리로 볼 때, 재물을 나타내는 재성財星이나 명예와 직업을 나타내는 관성官星이 나타나면 국가와 관련된 일을 할 수 있는 사람

---

\* 가장 가까운 여섯 친족으로 부모, 형제, 배우자와 자식을 가리키는 말

으로 해석합니다.

## • 월주(月柱)

부모 또는 형제 자리를 말합니다. 특히 월간月干은 아버지 또는 남자 형제를, 월지月支는 어머니 또는 여자 형제를 의미합니다. 월주를 부모 자리로 볼 때, 재물을 나타내는 재성이나 명예와 직업을 나타내는 관성이 나타나면 부모나 집안의 도움을 받을 수 있는 것으로 해석합니다.

## • 일주(日柱)

본인과 배우자 자리를 말합니다. 특히 일간日干은 본인을, 일지日支는 배우자를 의미합니다. 사주를 판단할 때 가장 중요한 자리이기도 합니다. 남자와 여자 모두 일지에 재성이나 관성이 오면 일을 해야 하는 사람으로 해석합니다. 지지에 재성이 오면 사업을 하고 싶어 하는 사람이고, 관성이 오면 직장 생활을 해야 하는 사람으로 해석합니다.

## • 시주(時柱)

자녀 자리입니다. 특히 시간時干은 아들을, 시지時支는 딸을 의미합니다. 한 사람의 인생으로 볼 때는 말년의 운세를 살펴볼 수 있는 곳이기도 합니다. 인생 말년에 명예를 추구하며 살 것인지, 혹은 재물을 누리고 살 것인지를 알아볼 수 있는 자리입니다.

다음 사주는 정축丁丑년, 무신戊申월, 경자庚子일, 임오壬午시에 태어난 사람의 사주입니다.

| 식신 | 일원 | 편인 | 정관 |
|---|---|---|---|
| 壬 | 庚 | 戊 | 丁 |
| 午 | 子 | 申 | 丑 |
| 정관 | 상관 | 비견 | 정인 |

| 木(0) | 火(2) | 土(2) | 金(2) | 水(2) |
|---|---|---|---|---|
| 丙己丁 | 壬 癸 | 戊壬庚 | 癸辛己 |

| 86 | 76 | 66 | 56 | 46 | 36 | 26 | 16 | 6.3 |
|---|---|---|---|---|---|---|---|---|
| 己 | 庚 | 辛 | 壬 | 癸 | 甲 | 乙 | 丙 | 丁 |
| 亥 | 子 | 丑 | 寅 | 卯 | 辰 | 巳 | 午 | 未 |

이때 윗줄에 있는 글자를 천간天干, 아랫줄에 있는 글자를 지지地支라고 합니다. 흔히 띠별 운세를 보는 경우가 많은데, 이 사주는 연지가 축丑년 생으로 소띠에 해당합니다. 그러나 사주는 띠가 아닌 자신의 태어난 날의 천간 즉, 일간을 중심으로 봐야 합니다. 그러므로 이 사주는 경금庚金*이 그 사람을 대표하는 글자가 됩니다.

---

\*    천간과 지지는 오행(五行)과 결합하여 뜻을 가진다. 오행은 목(木), 화(火), 토(土), 금(金), 수(水)로 각각 상징하는 색이 있는데, 목(木)은 파란색, 화(火)는 빨간색, 토(土)는 노란색, 금(金)은 흰색, 수(水)는 검은색을 상징한다.

## ② 궁위와 운한

운한運限은 일생을 시기별로 나누어 파악하는 것입니다. 초년, 중년, 장년, 노년으로 나누어 보는데, 몇 년을 하나의 운한으로 규정할지에 대한 의견은 분분합니다. 연주, 월주, 일주, 시주를 각각 15년으로 봐야 한다고 주장하는 사람도 있고, 어떤 이들은 16년이나 18년 등으로 나눠서 봐야 한다고 주장하기도 합니다.

사람의 수명이 60세 정도였던 과거에는 운한을 15년으로 나눠야 총 60세가 됩니다. 현재의 평균 수명을 80세라 한다면, 운한을 20년으로 나눠도 무방합니다. 따라서 다음과 같이 정의할 수 있습니다.

| | |
|---|---|
| **연주** | 출생에서 20세까지 |
| **월주** | 21세에서 40세까지 |
| **일주** | 41세에서 60세까지 |
| **시주** | 60세 이후 사망까지 |

각 궁위의 운한이 중요한 이유는 내가 지금 어디에 위치하는지 이해할 수 있기 때문입니다. 즉, 어느 나이에 있는지 알면 그때의 나는 무엇을 추구하는지 알 수 있습니다. 조금 더 깊게 공부한다면 각각의 기둥 간 합合 또는 충극沖剋이 있을 때, 운한을 바탕으로 어느 시기에 무슨 일이 발생할지 가늠할 수도 있습니다.

궁위와 운한을 이용한 사주 해석은 애플Apple의 창업자이자 아이폰을 발명한 스티브 잡스Steven Jobs 사주의 일간을 통해 간략히 살펴보겠습니다.

스티브 잡스의 사주

- 연간의 을목乙木이 일간(나 자신)인 병화丙火를 목생화木生火로 생生해주므로 아버지의 사랑을 많이 받은 사람입니다.

- 월지의 인목寅木이 일간인 병화丙火를 목생화木生火로 생해주므로 어머니나 여자 형제한테도 많은 사랑을 받았습니다.

- 일간인 병화丙火가 일지의 진토辰土를 화생토火生土로 생해주므로 부인을 아주 많이 사랑한 사람입니다.

- 다만, 월지가 일지를 목극토木剋土로 극剋하는 관계이니 어머니와 아내의 사이는 그다지 좋지 않았다고 유추할 수 있습니다.

- 딸과의 관계를 보면 화극금火剋金으로 자신이 딸을 극하는 관계입니다. 딸과의 사이가 좋지 않았으며, 그 원인은 본인에게 있었습니다.

실제로 스티브 잡스는 어렸을 때 입양되어 양부모의 사랑을 받으며 자랐습니다. 또한, 옛 연인과의 사이에서 딸을 낳았음에도 그 딸을 자식으로 인정하지 않았습니다. 훗날 딸이 친자 확인 소송을 제기하고 나서야 딸을 자식으로 인정했지만, 관계는 그다지 좋지 않았다고 합니다.

## 대운의 흐름

사주원국 아래에 있는 글자는 10년마다 바뀌는 대운大運을 말합니다.

흔히 대운이라 하면 좋은 운이 온 것으로 오해하는 경우가 많습니다. 그러나 대운은 10년마다 바뀌는 운을 말합니다.

대운 윗줄의 숫자는 대운수大運數로 나이를 가리킵니다. 이 나이는 만 나이가 아니라, 우리나라에서 주로 사용한 세는 나이*입니다. 대운에 따라 좋은 운으로 흐를 때도 있고, 나쁜 운으로 흐를 때도 있습니다. 사람마다 대운수가 달라질 수 있으므로 자신의 대운수를 잘 기억하는 것이 중요합니다. 만약 대운에 재물운인 재성財星이나 명예와 직장을 나타내는 관성官星이 올 경우, 재물운이나 직장운이 활성화되는 것으로 봅니다.

이 정도의 구성을 알고 있으면 사주 해석을 위한 준비 단계 중 첫 단계가 완성된 셈입니다. 다음으로 사주를 판단하기 위해서는 천간과 지지에 대한 이해가 있어야 합니다.

## 삶의 목표를 알려 주는 천간

### 천간의 구성

천간天干은 사주원국의 윗줄에 있는 글자로, 총 열 개로 구성되어 있습니다. 열 개의 천간은 갑甲, 을乙, 병丙, 정丁, 무戊, 기己, 경庚, 신辛, 임壬, 계癸입니다.

### 삶의 목표에 대한 의미

일반적으로 천간은 삶의 목표를 의미합니다. 즉, 일간이 어떤 글자인지 확인하면 그 사람이 어떠한 성향을 가진 사람이며, 무엇을 위해

---

\* 태어난 해의 나이를 1살로 삼고, 새해의 1월 1일마다 한 살을 더하는 나이로, 2023년 6월 「만 나이 통일법」 시행 이전에 사용한 나이 계산법

살아가는지 알 수 있습니다. 예를 들어 일간이 갑목甲木인 사람은 큰 나무와 같은 사람입니다. 큰 나무는 뿌리를 내릴 수 있는 큰 땅±과 나무를 자라게 하는 수분水이 필요합니다. 그리고, 꽃을 피우기 위해서는 태양火을 적절히 비춰야 하며, 나무를 예쁘게 가꾸기 위해서는 가위金가 필요합니다.

그렇다면 삶의 목표는 무엇일까요? 간단히 재물운과 관운을 먼저 살펴보면 이 사람이 재물을 목표로 할 것인지, 명예를 중요시하는지 판단할 수 있습니다. 그 판단 기준은 천간에 드러난 글자를 우선으로 보면 됩니다.

| 식신 | 일원 | 편인 | 정관 |
|---|---|---|---|
| 壬 | 庚 | 戊 | 丁 |
| 午 | 子 | 申 | 丑 |
| 정관 | 상관 | 비견 | 정인 |

| 木(0) | 火(2) | 土(2) | 金(2) | 水(2) |
|---|---|---|---|---|
| 丙己丁 | 壬癸 | 戊壬庚 | 癸辛己 | |

| 86 | 76 | 66 | 56 | 46 | 36 | 26 | 16 | 6.3 |
|---|---|---|---|---|---|---|---|---|
| 己 | 庚 | 辛 | 壬 | 癸 | 甲 | 乙 | 丙 | 丁 |
| 亥 | 子 | 丑 | 寅 | 卯 | 辰 | 巳 | 午 | 未 |

앞서 살펴본 사주를 보면 천간에 재물이 드러나지 않은 무재無財 사주이며, 관은 연간에 나타난 정화丁火 정관正官이 있으므로 재물보다는 명예나 직장운을 삶의 목표로 삼게 됩니다. 일반적으로 재물은

정재正財, 편재偏財 등으로 나타나며, 직장 또는 명예는 정관正官, 편관偏官 등으로 나타납니다.

특히 이 사주는 정관이 천간에 나타나 있어 국가와 관련된 일을 할 수 있는 사람입니다. 이는 보통 공무원이 되거나 대기업에 다닐 수 있으며, 그렇지 않으면 국가를 상대로 하는 일을 하는 사주입니다.

## 삶의 목표 달성 방법을 알려 주는 지지

### 지지의 구성

지지地支는 사주원국의 아랫줄에 있는 글자로, 총 열두 개로 구성되어 있습니다. 열두 개의 지지는 자子, 축丑, 인寅, 묘卯, 진辰, 사巳, 오午, 미未, 신申, 유酉, 술戌, 해亥입니다.

### 행동 방향의 결정

지지를 통해서는 행동 방향을 알 수 있습니다. 즉, 천간을 통해 삶의 목표를 알았다면 지지를 통해서는 그 목표를 달성하기 위해 어떤 행위를 해야 하는지 가늠할 수 있다는 것입니다. 행동 방향을 알기 위해서 지지가 서로 합해지는 원리를 알아야 합니다. 여기서는 지지가 향하는 오행을 중심으로 해석하는 방법을 알아보겠습니다.

앞으로 살펴볼 사주 오행에 대입해서 행동 방향을 먼저 살펴보면 다음과 같습니다.

- 지지가 목木 기운으로 합해지면, 목木의 성질을 가진 직업인 교육, 건축, 섬유, 글을 쓰는 일, 사람을 만나는 일 등을 지향하면 됩니다.

- 지지가 화火 기운으로 합해지면, 화火의 성질을 가진 방송, 예술, 교육, 종교, IT 등을 지향하면 됩니다.

- 지지가 금金 기운으로 합해지면, 금金의 성질을 가진 법, 경제, 금융, 군인, 경찰, 생명과학, IT 등을 지향하면 됩니다.

- 지지가 수水기운으로 합해지면, 수水의 성질을 가진 유통, 음·식료, 해외와 관련된 일 등을 지향하면 됩니다.

- 지지가 토土기운으로 합해지면, 토土의 성질을 가진 교육, 부동산, 종교 등을 지향하면 됩니다.

# 제1장

# 돈을 버는 데
# 운이 작용하는가?

※ 사주명리로 부자되기, 주식 투자 치트키 ※

# 워런 버핏은
# 돈을 벌 사주였나?

**워런 버핏**
Warren Buffett
미국의 투자가

주식 시장의 살아있는 전설, 오마하의 현인 등으로 불리는 워런 버핏 Warren Buffett 은 주식 투자로 한때 세계 제일의 부자였던 인물입니다. 회사를 설립하고 상장하여 주식 부자가 된 사람은 많지만, 주식 시장에서 주식을 사고팔아서 세계 제일의 부자가 된 사람은 워런 버핏이 유일합니다. 그는 과연 사주명리로 볼 때 부자가 될 운이었을까요? 워런 버핏의 사주를 간략하게 살펴봅시다.

# 워런 버핏은 어떤 인물인가?

| 정재 | 일원 | 식신 | 편인 |
|------|------|------|------|
| 丁 | 壬 | 甲 | 庚 |
| 未 | 子 | 申 | 午 |
| 정관 | 겁재 | 편인 | 정재 |

| 木(1) | 火(2) | 土(1) | 金(2) | 水(2) |
|-------|-------|-------|-------|-------|

| 丁乙己 | 壬癸 | 戊壬庚 | 丙己丁 |
|--------|------|--------|--------|

| 83 | 73 | 63 | 53 | 43 | 33 | 23 | 13 | 3.0 |
|----|----|----|----|----|----|----|----|-----|
| 癸 | 壬 | 辛 | 庚 | 己 | 戊 | 丁 | 丙 | 乙 |
| 巳 | 辰 | 卯 | 寅 | 丑 | 子 | 亥 | 戌 | 酉 |

워런 버핏의 사주

워런 버핏은 1930년생으로, 우리나라로 따지면 말띠에 해당합니다. 그의 성품은 큰 호수와 같아 생각이 깊고, 물이 스며들 듯이 다른 사람과 잘 어울립니다. 그는 큰 물과 같지만, 제방*이 잘 쌓이지 않은 물이기 때문에 한곳에 머무는 조직 생활에는 어울리지 않습니다. 그래서 처음 버크셔 해서웨이Berkshire Hathaway를 인수했을 때 섬유 사업을 시도하다 실패했고, 곧바로 보험 회사를 인수하여 자산 운용을 시작했습니다. 조직을 운영하는 것이 쉽지 않아 주식 투자와 같이 비교적 자유롭게 행동할 수 있는 일을 했습니다.

---

\* 일반적으로 제방은 큰 땅을 뜻하는 무토(戊土)를 의미한다.

그의 사주 구조를 보면 우리가 관심을 가지는 재물운은 어린 시절부터 말년까지 잘 이어져 있습니다. 평생 재물 걱정은 없는 사주입니다. 하지만 그에게도 인생의 어려움은 있습니다. 1970년대 오일 쇼크*와 스태그플레이션Stagflation**으로 쉽지 않은 시기를 지냈을 겁니다. 물론 그의 생애 기록을 보면 이 기간에도 그의 사업은 순탄했지만, 첫 번째 부인과 별거하는 등의 난관이 있었습니다. 사람의 인생은 남들이 모르는 굴곡이 있다는 점을 잊지 말아야 합니다. 겉으로는 화려해 보일지라도 모두가 고민을 안고 사는 것과 같은 이치입니다. 버핏은 타고난 건강 체질입니다. 그래서 나이가 들어서까지 활발하게 활동하고 있습니다.

---

* 1973년의 아랍 산유국의 석유 무기화 정책과 1978년의 이란 혁명 이후, 두 차례에 걸친 석유 공급 부족과 석유 가격 폭등으로 세계 경제가 큰 혼란과 어려움을 겪은 일
** 스태그네이션(Stagnation)과 인플레이션(Inflation)을 합성한 신조어로, 경제 불황 속에서 물가 상승이 동시에 발생하고 있는 상태

# 모든 사람이
# 돈을 많이 벌 수는 없다

    워런 버핏은 주식 시장에서 큰돈을 벌었지만, 대부분의 사람은 그와 같은 성공을 거두지 못합니다. 그 실상을 가까운 과거를 통해 알아보겠습니다.

    코로나19가 기승을 부리던 2020년 3월, 세계보건기구WHO에서 코로나19 팬데믹을 선언했습니다. 그 이후 글로벌 주식 시장은 코로나19로 경제가 위축될 것이란 우려 속에 일제히 하락했습니다. 그러나 많은 투자자의 우려와 달리 주식 시장은 빠르게 회복했습니다. 그때 우리나라에서는 소위 '동학개미운동'이 나타나면서 주가는 급반등했고, 개인투자자들이 약 65조 원이란 막대한 돈으로 주식 시장에 뛰어들었습니다. 그뿐만 아니라 어떤 사람은 부동산을 사지 못해 억울해하기도 했었고, 또 어떤 사람은 코인이라 불리는 암호화폐를 사지 못해 상대적 박탈감을 느끼기도 했었습니다.

    모두가 일시적인 주가 하락은 곧 회복된다는 학습 효과로 많은 기대를 하면서 앞다퉈 주식 투자에 나섰고, 그 덕에 2020년 3월 1,439포인트까지 하락했던 주가지수는 2021년 6월 3,316포인트까지 쉼 없이 올랐습니다. 겉으로 보이는 시장은 모두가 행복했을 것 같았지만, 그 속내를 들여다보면 모두가 행복한 투자를 했던 것은 아니었습니다.

**< KOSPI 지수 월봉 >**

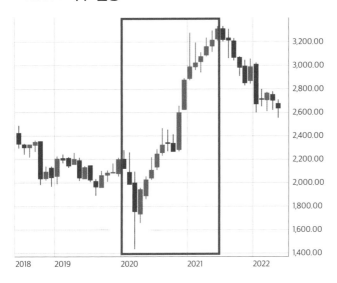

자본시장연구원에서 2021년 6월 14일 간행된 정기간행물의 내용을 보면, 동학개미운동이 벌어진 기간 동안 개인투자자들의 투자를 분석한 실상의 일부를 볼 수 있습니다. 보고서 요약본의 일부는 다음과 같습니다.

코로나19 발생 이후 국내 개인투자자의 주식 시장 참여가 크게 증가하였다. 개인투자자 순매수대금과 거래대금은 물론 개인투자자의 신규유입도 유례없는 수준을 기록하였다. 코로나19 충격에 따른 국내 증시의 급락과 이후의 신속한 반등, 그리고 저금리 기조 강화는 개인투자자의 주식 투자 수요를 자극한 것으로 판단된다.

본고는 코로나19 국면에서 나타난 개인투자자의 투자행태와 투자성과를 종합적으로 분석하고 있다. 4개 증권사가 제공한 개인투자자 약 20만 명의 거래자료를 바탕으로 분석한 결과는 다음과 같다.

첫째, 개인투자자의 주식 포트폴리오는 중소형주 및 특정 섹터의 비중이 높고 평균 보유종목수가 적어 개인투자자는 높은 투자위험을 감수하고 있는 것으로 나타난다.

둘째, 개인투자자는 거래회전율, 일중거래 비중, 종목교체율이 매우 높은 투기적인 투자행태를 보인다. 이러한 행태는 신규투자자, 젊은 투자자, 남성, 소액투자자에게서 현저하게 나타난다.

셋째, 개인투자자의 투자성과는 거래비용을 고려할 경우 시장수익률을 하회하며, 신규투자자 중 60%는 손실을 시현한 것으로 분석된다. 특히 소액투자자와 거래가 빈번한 투자자의 투자성과가 저조한데, 높은 거래비용과 낮은 분산투자 수준 외에 투자대상 및 투자시점 선택의 비효율성과도 연관된 것으로 추정된다.

출처: 김민기, 김준석, 2021.06.14, 코로나19 국면의 개인투자자: 투자행태와 투자성과, 『자본시장연구원 이슈보고서 21-11』

주식 투자에 나서는 많은 사람은 큰돈을 벌 요량으로 투자에 뛰어들지만, 실제로 주식 투자를 통해 큰돈을 번 사람은 많지 않고, 또 평균적으로 원금 대비 수익을 본 사람도 그다지 많지 않습니다. 시장의 경험치로 보면, 100명이 투자에 나섰을 때 그중 5명 정도는 돈을 벌고, 나머지는 돈을 잃는 것이 정설입니다. 그런데 정작 일반 투자자들은 자신이 수익 관리를 제대로 하지 못한 것은 생각하지 않고, 시장 구조가 이상해서 돈을 잃었다고 생각합니다.

2006년 개봉한 영화 『타짜』에서 정 마담의 대사를 곱씹어 볼 필요가 있습니다.

"화투판에서 가장 어려운 일. 어떻게 호구를 판때기에 앉히느냐. 일단 호구를 앉히기만 하면 판돈 올리기는 아주 쉽다. 먼저 가볍게 호구 돈을 따 준다. 보통 호구들은 자본이 부족해서 돈을 잃는다고 생각한다. 그런 생각이 강하게 들도록 우선 절반만 빌려준다. 호구는 돈을 잃는다. 그 돈은 다시 나에게 들어오고 나는 그 돈을 다시 호구에게 빌려준다. 실제로 돈을 딴 사람은 아무도 없다. 돈은 그냥 돌고 돌 뿐. 그렇게 여러 번 반복하다 보면 호구의 빚은 산더미처럼 불어난다. 그럼 슬슬 마지막 마무리를 날린다."

이 대사를 주식 시장으로 가져와서 보면, 다음과 같이 바꿀 수 있을 것입니다.

"일반 투자자들을 주식 시장에 끌어들이는 것은 쉽지 않다. 큰 바람이 불어야 주식 시장으로 일반 투자자들의 돈이 몰린다. 가깝게는 IMF 외환위기 이후 'Buy Korea' 열풍이 불었을 때, 중국의 경기 호황에 맞춰 불어온 '적립식펀드 열풍'으로 조선주들이 폭등했을 때, 그리고 이번과 같이 코로나19 팬데믹으로 '동학개미운동'이 벌어졌을 때 등이 개인들을 끌어들일 수 있는 절호의 기회가 된다. 개인들은 모두가 자신의 이익을 위해 투자하는 듯 보이지만, 결국 그 돈은 기업들의 IPO(기업공개)*, 유상증자**, 채권 발행을 통해 자본 조달로 모두 사라지고, 개인들 손에는 손실만 남겨지게 된다. 그리고 개인들은 쓸쓸히 주식 시장을 떠나게 된다."

---

\* Initial Public Offering의 약자로, 기업이 일정 목적을 가지고 자사의 주식과 경영 내용을 공개하는 것

\*\* 기업이 신주를 발행해 주주로부터 자금을 받아 자본금을 늘리는 것

# 재상평여수

財上平如水

소설 『상도』의 주인공 임상옥은 '재상평여수 인중직사형財上平如水人中直似衡, 즉 재물은 물과 같이 흐르고 사람은 바르기가 저울과 같다.'라는 말을 남겼습니다. 이 중 재물이 물과 같이 흐른다는 말은 '장사의 기본은 돈이 잘 돌게 해야 한다.'라는 말로 이해할 수 있지만, 투자 시장에서 이 말은 '돈이 물과 같이 흘러가는데 내가 얼마나 그 물을 취할 수 있느냐 하는 것'으로 대입할 수 있습니다.

주식 시장은 하루에도 수십조 원의 돈이 흐르는 거대한 강물과 같습니다. 비단 주식 시장뿐만 아니라 채권 시장, 외환 시장 그리고 해외 주식 시장과 암호화폐 시장까지 모두 합치면 하루에도 수천조 원의 자금이 흘러 다닙니다.

이렇게 큰 자금이 움직이는 시장에서 과연 몇 명이나 재물을 모으고, 또 그 재물을 온전히 보전하고 있을까요? 전 세계 인구가 약 80억 명이라고 했을 때, 그중 손에 꼽히는 사람만이 재물을 모으고,

또 그것을 온전히 보전하고 있을 겁니다.

재물이 물과 같이 흐른다고 해도 그것을 담을 수 있는 그릇이 되지 못한다면 재물은 내 곁에 머물지 않게 됩니다.

그러나 최근 우리 사회는 재산의 규모가 행복의 기준이 되었습니다. 어느 동네에 사는지, 어느 아파트에 사는지, 몇 평짜리 집에 사는지, 타고 다니는 차의 기종은 무엇인지 등에 따라 얼마나 행복한지 비교당하는 시대를 살고 있는 것입니다. 이런 시대에 재물에 초연해져서 살기란 무척 어렵습니다. 산속이나 바닷가에서 자급자족을 하는 상황이 아니라면, 기본적인 삶을 살기 위해 돈을 벌어야 하기 때문입니다.

그래서 사람들은 앞으로의 내 일자리가 어떻게 될 것인지, 돈은 잘 벌게 될 것인지, 그리고 자녀들은 좋은 학교에 가서 좋은 직장에 들어갈 것인지에 대해 무척 많은 관심을 가질 수밖에 없는 상황입니다. 이런 상황에서 매년 새해가 되면 남몰래 토정비결을 보기도 하고, 철학관이나 무속인을 찾아가 한 해의 운세를 점쳐 보기도 하면서 인생의 큰 파도는 보지 못하고 매년 되풀이되는 작은 파도에 몸을 맡기고 삶을 살아가게 됩니다.

만약 내가 내 삶을 결정짓는 사주의 틀과 매년 움직이는 운을 알고 있다면 어떨까요? 예를 들어 내 삶이 큰돈을 만질 그릇인지, 작은 돈을 만질 그릇인지, 그리고 그 돈을 언제 만지게 될 것인지를 대충 짐작할 수 있다면 매년 일자리와 돈 때문에 안달복달하는 삶을 살지 않아도 되지 않을까요?

지금부터 사주명리란 동양철학의 학문적 도구를 통해 내가 가지고 태어난 그릇의 크기와 또 내가 살아가면서 맞이할 운의 행로에 대해 탐구해 보는 여행을 떠나 보겠습니다. 그러면 삶이 더 여유롭고 편안해지지 않을까요?

## ❁
# 부자가 된 원인은
# 운에 의해 결정된다

 

2018년 『MIT Technology Review』에 재미있는 연구 결과가 실렸습니다. 이탈리아 카타니아대학교의 알렉산드로 플루치노 A. Pluchino 교수 연구진이 실시한 연구로, 인간의 재능과 인간이 재능을 삶의 기회에 활용하는 방식을 컴퓨터 모델로 만들고, 이 모델을 통해 삶에서 운이 어떤 역할을 하는지 분석한 연구였습니다. 이 연구에서 연구진은 40년의 노동 수명이 끝날 무렵, 부富를 기준으로 개인의 순위를 나누고, 여기에 가장 중요하게 기여한 특징을 연구했습니다. 또한, 부의 분포를 계산하고, 여러 차례 반복된 시뮬레이션을 통해 결과의 견고성도 확보했습니다.

연구진이 모델을 통해 시뮬레이션한 결과는 실제 우리 세상에 나타나는 부의 분배 모습과 매우 비슷했습니다. 즉, 파레토의 법칙 Pareto's Law과 같이 20%의 사람들이 부의 80%를 소유하고, 나머지 80%의 사람들이 20%의 부를 나눠 가지고 있다는 겁니다. 그런데,

더 재미있는 결과는 다음과 같습니다.

첫째, 가장 부유한 사람들이 일정 수준 이상의 재능을 가졌지만, 가장 재능 있는 사람은 아닙니다.

둘째, 가장 부유한 사람들은 운이 좋은 사람입니다.

만약 상위 20%가 가장 재능 있는 사람이었다면, 그 결과로 얻어진 부가 불공평한 것으로 느끼지 않을지도 모릅니다. 하지만, 그렇지 않았습니다. 일반적으로 가장 부유한 사람들은 가장 뛰어난 재능을 가졌거나 그와 비슷한 재능을 가진 사람이 아니었고, 그들이 부자가 된 이유가 순전히 운 때문이었다는 사실이 시뮬레이션을 통해 나타난 것입니다. 반대로 말하면 성공하지 못한 사람은 재능이 없어서라기보다는, 운이 가장 나빴던 사람이라는 뜻도 됩니다. 이와 같은 결과는 사회에 중요한 의미를 던져 줍니다. 성공에서 운의 역할을 활용할 수 있는 가장 효과적인 전략을 찾아내면 되는 것이죠.

사주명리를 주식 두자에 적용하려는 시도가 바로 플루치노 교수의 연구 결과와 같은 것임을 이론적으로 뒷받침해 주는 것입니다. 사주명리도 사람들이 받고 태어난 명命과 시간이 지나면서 변하는 운運을 통해 재물을 모을 수 있는지 아닌지를 판단할 수 있습니다.

## 사주명리학은 미신인가?

사주명리를 하는 사람을 술사術士라고 합니다. 술사에게는 말해서는 안 된다는 금기 사항 세 가지가 있습니다. 첫째는 귀신에 관한 이야기입니다. 사주명리는 귀신이 작용할 여지가 없습니다. 둘째는 사람의 수명에 관한 이야기입니다. 누구에게 언제 죽는다고 말해주면 그 사람의 삶이 피폐해질 수 있기 때문입니다. 마지막으로 셋째는 재물의 크기입니다. 재물의 크기는 사람의 경험에 따라 상대적입니다. 1억 원도 엄청난 금액이라고 생각하는 사람이 있는 반면, 1조 원도 많지 않다고 생각하는 사람이 있을 수 있기 때문입니다.

사주명리학과 미신의 차이를 알기 위해 사례를 하나 들어 보겠습니다. 우리 생활 속에 깊숙이 파고든 것 중에 '손 없는 날'이라는 것이 있습니다. 손 없는 날은 이사하거나 개업할 때 많이 쓰는 개념인데 그 내용은 이렇습니다.

> '손 없는 날'은 현재 위치를 기준으로 하여 움직이고자 하는 방향에 대하여 '손' 있는 날을 제외한 날과, 어느 방향에도 악귀가 활동하지 않는 음력으로 끝수가 9와 0일인 날, 즉 9일과 10일, 19일과 20일, 29일과 30일이 해당된다.
>
> 반대로 '손 있는 날'은 악귀들이 그 날짜와 방향을 바꿔 옮겨 다니며 인간사에 손해를 입히거나 훼방을 놓는다고 믿어, 이 날에 주요행사를 치르거나 이동을 꺼리곤 했다.

'손 있는 날'은 음력으로 초하루·초이틀(끝수가 1·2일인 날)에는 동쪽, 초사흘·초나흘(끝수가 3·4일인 날)에는 남쪽, 초닷새·초엿새(끝수가 5·6일인 날)에는 서쪽, 초이레·초여드레(끝수가 7·8일인 날)에는 북쪽에서 귀신이나 악귀가 활동하는 날로 여겨, 이날을 피하여 택일을 정하는 데 활용하고 있다.

출처: 시사상식사전, 박문각

동양 고전, 특히 주역에서 방위와 관련하여 숫자 1, 6을 북쪽, 2, 7을 남쪽, 3, 8을 동쪽, 4, 9를 서쪽, 5, 10을 중앙으로 말하는데 이와 너무 다르고 또 엉성합니다. 귀신 이야기도 나오고, 동양 고전에 근거도 두지 않고 있어 손 없는 날은 옛날부터 내려오는 미신으로 볼 수 있습니다.

그렇다면 사주명리는 무엇일까요? 사주명리는 사람의 운명을 동양 철학의 이치로 해석하는 학문입니다. 즉, 음양陰陽 사상과 오행五行*을 통해서 사람의 명命과 운運을 추론하는 학문을 말합니다.

흔히 사주명리를 미신이라고 생각하는 사람들이 있는데, 이는 잘못된 생각입니다. 사주명리는 동양 고전으로 오랜 역사를 통해 정립된 자연 사상의 일부입니다. 또한, 사주를 보는 것이 점을 치는 것과 같다고 생각하는 사람들도 있는데, 그것도 잘못된 생각입니다. 점을 치는 것은 주역점 등을 통해서 점괘를 뽑아서 해석하는 것을 말하지만, 사주명리는 사람이 태어난 생년월일시가 변하는 것이 아니므로 점을 치는 것이 아닙니다.

사주명리를 통계적인 측면으로 접하는 사람들도 있습니다. 얼핏 보기에는 통계의 형식을 가지는 것처럼 보이지만, 각 글자들이 서로 만나고 부딪치면서 벌어지는 천변만화千變萬化[**]의 자연 이치를 통계의 틀 안에 가두기에는 그 이치가 오묘하다는 것을 알아야 합니다.

---

# 제2장

# 주식 투자도
# 재물운이 따라야
# 수익을 낼 수 있다

※ 사주명리로 부자되기, 주식 투자 치트키 ※

# 사주로 풀어 보는
# 테슬라의 일론 머스크

**일론 머스크**
Elon Musk
테슬라 회장

지금부터는 사주를 조금씩 풀어 가면서 이야기를 진행하겠습니다. 처음에는 어렵게 느껴지더라도 반복적으로 접하다 보면 곧 친숙해질 수 있으니 믿고 따라오길 바랍니다.

일론 머스크Elon Musk는 테슬라Tesla를 통해 글로벌 전기차 산업의 선두주자로 자리매김했습니다. 테슬라뿐만 아니라 스페이스XSpaceX를 통해 우주 산업에도 매진하고 있습니다. 그러나 일론 머스크는 그 사업을 통해서 돈을 벌었다기보다는 투자를 받아서 돈을 번 케이스입니다. 일론 머스크의 사주 분석을 통해서 과연 테슬라에 투자한 투자자들은 어떤 포인트에 주목해야 하는지 가늠해 보겠습니다.

# 일론 머스크는 어떤 인물인가?

| 비견 | 일원 | 비견 | 정관 |
|:---:|:---:|:---:|:---:|
| 甲 | 甲 | 甲 | 辛 |
| 子 | 申 | 午 | 亥 |
| 정인 | 편관 | 상관 | 편인 |

| 木(3) | 火(1) | 土(0) | 金(2) | 水(2) |
|:---:|:---:|:---:|:---:|:---:|
| 壬 癸 | 戊壬庚 | 丙己丁 | | 戊甲壬 |

| 87 | 77 | 67 | 57 | 47 | 37 | 27 | 17 | 7.3 |
|:---:|:---:|:---:|:---:|:---:|:---:|:---:|:---:|:---:|
| 乙 | 丙 | 丁 | 戊 | 己 | 庚 | 辛 | 壬 | 癸 |
| 酉 | 戌 | 亥 | 子 | 丑 | 寅 | 卯 | 辰 | 巳 |

일론 머스크의 사주

일론 머스크는 큰 나무와 같은 사람입니다. 우두머리의 성질을 가지며, 중력을 거스를 정도로 강직한 성격을 가집니다. 큰 나무는 뿌리를 내릴 땅이 필요하고, 크게 자라기 위해서는 물이 필요합니다.

그런데 이 사주는 나무가 뿌리를 내릴 땅이 없는 사주입니다. 큰 나무를 뜻하는 갑목甲木에게 땅은 재성, 즉 재물운이 됩니다.* 따라서 일론 머스크는 사주에 돈이 없는 무재無財사주가 됩니다. 무재사주는 재물을 얻기 힘들지만, 재물운이 들어올 때에 한해서는 재물을 모을 수 있습니다. 아주 낮은 확률이지만, 무재사주가 돈을 벌 때는 무한대의 돈을 벌 수 있다는 것도 기억하시기 바랍니다.

---

\* 일간이 극(剋)하는 오행이 재성이 된다. 일론 머스크의 일간은 목(木)이므로, 목(木)이 극하는 토(土)가 재성을 의미한다. 이에 대한 내용은 5장에서 자세히 다룬다.

갑목甲木이 두 개 이상이면 갑갑한 사주라고 합니다. 특히 세 개의 갑목甲木은 큰 나무 숲을 이룬 것으로 봐야 합니다. 숲은 그 속이 어둡고 습해서 심리적으로 우울한 부분이 있을 수 있습니다. 실제로 일론 머스크는 10대에 우울증을 앓기도 했습니다.

## 오행 분석

이 사주는 재성인 토土가 없는 사주입니다. 남성에게 재성은 재물이기도 하지만, 이성이기도 합니다. 재성이 들어왔을 때 결혼하는 것이 좋은데, 그렇지 않은 경우 결혼 생활이 원만하지 않을 수 있습니다.

## 사주 해석

이 사주는 나를 의미하는 갑목甲木 일간에 나무가 뿌리를 내릴 땅이 없는 무재사주입니다. 그러나 갑목甲木이 세 개나 있어 국적이 셋이든지, 직업이 셋이든지, 전공이 셋이든지, 그렇지 않으면 결혼을 세 번 하는 등의 일이 생길 수 있습니다. 실제로 일론 머스크는 회사도 여러 개를 운영하고 있고, 국적도 셋이나 됩니다.*

지지는 탁수濁水가 될 수 있으니 이를 조심해야 합니다. 사주가 탁해지는 것은 사람도 탁한 짓을 할 수 있다는 것입니다. '탁한 짓'은 돈을 함부로 쓰거나, 폭력을 휘두르거나 하는 일을 말합니다. 일론 머스크는 17세 임진壬辰 대운에 지지가 탁수가 되는 시기였는데, 이 시기에 남아프리카공화국에서 캐나다로 이민을 가 사주가 탁해지는 것을 피한 것으로 생각됩니다.

지지는 개혁적인 일을 하고자 하는 기운과 그 기운을 막아서는 기운이 맞서고 있어 성공과 실패가 엇갈리는 형국입니다. 일론 머스크의 일생을 보면 1998~1999년 사이에 Zip2**의 지분을 매각해 큰 부자가 되었는데, 이때가 바로 무인戊寅년과 기묘己卯년으로 재물운이 되는 토土 기운이 왔던 때입니다.

## 대운 분석

무재사주는 대운의 흐름이 매우 중요합니다. 일론 머스크는 2023년 기준으로 47세 대운인 기축己丑 대운을 지나고 있습니다. 이때는 세 개의 갑목甲木과 기토己土가 합하여 재물이 되니 세 개 이상의 회사를 통합적으로 운영하면서 재물을 모을 수 있는 운입니다. 이런 재물운은 66세까지 이어집니다. 다만, 56세까지는 여러 회사를 통합하면서 일하고, 그 이후 66세까지는 그보다는 못합니다. 그래도 66세까지는 재물운이 좋게 흘러가는 운입니다. 문제는 운이 흘러가는 기축己丑 대운에서 사주가 탁해져 탁한 짓을 하게 됩니다. 실제로 비트코인을 산 일, 느닷없이 트위터를 인수한 일 등은 탁한 사주로 인한 것으로 볼 수 있습니다.

---

\*     일론 머스크의 국적은 남아프리카공화국, 캐나다, 미국으로 총 세 개의 국적을 가지고 있다.

\*\*    일론 머스크가 창립한 인터넷 기반 지역 정보 제공 시스템 업체

이처럼 일론 머스크의 사주 해석을 바탕으로 살펴본다면, 많은 사람이 주식을 보유하고 있는 테슬라는 적어도 향후 10년간, 길게는 향후 20년간 무난히 경영될 것으로 보입니다. 일론 머스크의 재물운이 좋기 때문입니다. 단, 일론 머스크가 탁한 짓만 하지 않는다는 조건하에서 말입니다.

# 재물운이란
# 무엇인가?

재물운이 있다는 것은 인생에서 재물을 모을 수 있다는 것을 말합니다. 실제로 사람들의 사주를 살펴보면 재물운이 있으면 재물을 모으지만, 재물운이 없으면 재물을 모으지 못하는 경우가 많습니다. 주식 시장만 보더라도 같은 날에 같은 주식을 샀어도 어떤 사람은 수익을 내고 팔지만, 어떤 사람은 오히려 손해를 보고 파는 일이 생깁니다.

주식 시장으로 물밀듯이 돈이 밀려들었던 동학개미운동 시기인 2020년 3월 이후 주식 시장에 있던 기존의 투자자들은 손실을 만회하고 수익을 올린 반면, 새롭게 유입된 투자자들은 대부분 손해를 봤다는 연구 결과가 있습니다. 언뜻 보면 경험과 실력이 있는 사람과 그렇지 않은 사람 사이의 성과 차이로 생각할 수 있지만, 실제로 성공적인 주식 투자에 실력이 차지하는 비중은 크지 않습니다. 새롭게 유입된 사람들은 자신의 재물운이 활성화되지 않은 상태에서 그저

돈을 벌 욕심으로 무작정 주식 시장에 뛰어들었기 때문에 수익을 내지 못했을 가능성이 있습니다. 또한, 기존에 있던 투자자들은 비로소 재물운이 활성화되는 국면에 들어갔기 때문에 수익을 냈을 가능성도 배제할 수 없습니다.

주식 투자의 성공 요인이 경제이해력에 결정적인 영향을 받지 않는다는 것은 대학 교수만 보아도 알 수 있습니다. 대학에서 경제·경영학을 강의하는 교수라 할지라도 주식으로 큰 손해를 보는 경우가 있고, 주식과는 별로 상관없는 전공의 교수가 큰 수익을 내는 경우도 있기 때문이죠. 이렇듯 주식 투자 성과는 실력에 의한 차이라고 자신 있게 말할 수는 없는 상황이 많습니다. 같은 주식 시장에서 투자했지만, 돈을 번 사람과 돈을 잃은 사람이 있다는 것은 재물운이 개인에게 작용한 결과로 볼 수 있습니다.

또한, 사람의 인생을 보면 처음부터 끝까지 일생 동안 재물운이 좋은 사람은 별로 없습니다. 반대로 일생 동안 재물운이 꾸준히 없는 사람도 별로 없습니다. 젊은 시절에 재물을 모은 사람이 나이가 들면서 재물을 잃는 경우도 있고, 젊은 시절에는 궁핍한 생활을 하지만 열심히 살아온 결과, 나이가 들어 큰 재산을 이룬 사람도 있습니다. 이것 또한 살면서 맞이하는 운에 따라 재물의 흥망성쇠興亡盛衰가 나타납니다.

사주를 읽을 때는 오른쪽에서 왼쪽으로 읽습니다. 오른쪽에서부터 첫 번째 줄이 연주年柱, 두 번째 줄이 월주月柱, 세 번째 줄이 일주日柱 네 번째 줄이 시주時柱로 네 개의 기둥이라 하여 사주四柱라고 합니다.

이후 뒷 장에서 차차 용어를 설명드릴 예정으로, 나중에 다시 보시면 그 뜻을 알 수 있게 되니 급한 마음을 조금 늦추시면서 보시기 바랍니다.

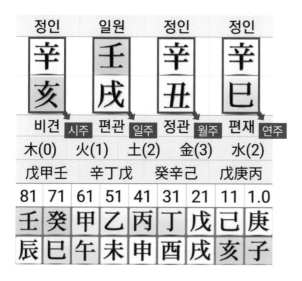

이 사주는 연지年支 사화巳火에 편재偏財라는 재물이 있습니다. 그 외에는 별다른 재물이 없는 듯이 보이지만, 눈에 보이지 않는 재물이 있는 사주입니다. 바로 신금辛金이 셋이나 있어 초년부터 말년까지, 특히 선대부터 내려오는 재물을 아들에게 무사히 넘겨줄 수 있는 사주입니다. 이 사주에서 신금辛金은 한자의 생김새처럼 재물을 불러오는 안테나 역할을 합니다. 이렇듯 눈에 보이지 않게 들어오는 돈은 명백하게 들어오는 재물보다 더 좋은 역할을 하기도 합니다. 그것도 사주에 금金이 셋으로 금金 기운이 강하니 IT업계에 종사하며 재물을 모을 수 있습니다. 일생 동안 재물운이 좋은 아주 보기 드문 사주입니다. 이 사주는 삼성그룹의 이건희 회장의 사주입니다.

# 사주에 재물운이 있는지
# 어떻게 알 수 있나?

사주는 태어난 날을 기준으로, 일주의 윗글자인 일간日干을 중심으로 하여 각 오행이 갖는 의미를 찾아보는 것입니다. 사주를 해석할 때 가장 먼저 보는 것은 재물운과 명예운(또는 직장운)입니다. 사람들의 주 관심사가 '내가 과연 어느 정도 출세할 것인가?'와 '내가 과연 얼마나 돈을 벌게 될 것인가?'이기 때문입니다. 재물운은 '과연 내가 어느 정도의 재물을 담을 수 있는 그릇인가?'를 가늠해 보는 작업이고, 명예운(직장운)은 '얼마나 성공할 수 있는가?'를 보는 것입니다. 이를 통해 내가 과연 조직 생활을 해야 하는 사람인지, 아니면 사업을 해야 하는 사람인지 판가름할 수도 있습니다.

많은 투자자는 주식 투자를 통해 수익을 내고 싶어 합니다. 그러나 지금까지의 경험에 의하면 100명이 투자하면 그중 수익을 내는 사람은 5명 정도에 불과하다는 것이 주식 시장의 정설입니다. 대부분은 주식 시장에서 원금을 모두 잃거나, 혹은 상당 부분을 잃고 떠나는 경우가 많습니다. 주식으로 돈을 버는 것이 쉬운 일은 아니라는 뜻입니다. 그러므로 자신에게 돈을 담을 수 있는 그릇이 있는지, 그리고 투자하는 시기가 재물운과 맞닿아 있는지를 알면 더 좋은 투자 성과를 거둘 수 있습니다.

부자는 하늘이 내린다는 말이 있습니다. 물론, 이때 말하는 부자는 큰 부자를 가리키는 것이지만 실제로 사주에 재물운이 있는 사람과 없는 사람이 있습니다. 일반적으로 사주에 재물운은 재성이 있느냐 없느냐를 통해 알아볼 수 있습니다. 재성이 없는 사람을 특별히 무재無財 사주라고 부릅니다.

사주팔자에 재성이 있다면 일단 돈을 벌 가능성이 있는 것입니다. 그러나 재성이 있다고 해서 모든 사람이 돈을 벌 수 있는 것은 아닙니다. 반면, 사주에 재성이 없는 사람은 재물을 얻을 가능성이 크지 않습니다. 그러나 재성이 없다고 해서 재물을 아예 모으지 못하는 것은 아닙니다. 왜냐하면 사주팔자 여덟 글자가 서로 합合하고, 충沖하고, 끌어오면서 시간의 흐름에 따라 대운大運이나 세운歲運과 같이 운이 변하기 때문입니다.

주식 투자를 통해서 돈을 벌 수 있는지는 매우 복잡한 해석 과정을 거쳐야 하지만, 첫걸음 단계에서는 일반적인 사항을 먼저 정의하고 시작하는 것이 좋겠습니다.

- 사주팔자에 재성이 있으면 크든 작든 돈이 들어올 가능성이 큽니다.

- 사주팔자에 재성이 있더라도 사주가 탁해지면 오히려 재물로 인해 고통받을 수 있습니다.

- 사주팔자에 재성이 없는 사주를 무재사주라 하는데, 무재사주는 재물을 모으기 쉽지 않습니다.

- 사주팔자에 재성이 없더라도 대운이 흐르는 과정에서 재물운이 오면 그때는 재물을 모을 수 있습니다.

- 무재사주인 사람은 실제로 재물이 없는 경우도 있지만, 재물운이 왔을 때 무한대의 재물을 모을 수 있다는 점도 기억해야 합니다. 다만, 그 확률은 매우 낮습니다. 무재사주의 대부분은 재물에 대한 갈증이 심해서 실수하기 쉽습니다.

- 무재사주라고 해서 전혀 돈을 모으지 못하는 건 아닙니다. 직업을 가지고 있으면 식구들과 먹고 살 만한 재물을 얻을 수 있습니다.

## 만세력 애플리케이션 소개

사주를 알기 위해서는 무엇보다 만세력*이 필요합니다. 과거에는 책으로 출간된 만세력으로 사주팔자를 찾았지만, 지금은 디지털 시대이기 때문에 어렵게 책을 뒤질 것이 아니라 애플리케이션을 통해서 사주팔자를 확인할 수 있습니다. 사용하기 쉬운 어플을 소개해 봅니다.

이 책에서는 원광디지털대학교에서 만든 〈원광만세력〉 애플리케이션을 추천합니다. 이 애플리케이션을 추천하는 이유는 사용하기 편리하고, 다른 애플리케이션에 비해 오류가 적기 때문입니다. 먼저 모바일 애플리케이션 스토어에서 '만세력'을 검색하여 〈원광만세력〉을 설치합니다. 〈원광만세력〉을 실행하면 다음과 같은 화면이 나오는데, 붉은색의 '만세력' 버튼을 누르면 만세력 조회 메뉴가 나옵니다.

만세력 조회 메뉴가 실행되면 필요한 사항을 적어 넣습니다. 이름, 성별, 생년월일, 그리고 태어난 시時를 넣어야 합니다. 그런데 태어난 시를 정확히 모르는 경우가 많습니다. 최근에는 기대수명이 길어지

---

\*   생년월일시를 사주명리에 맞게 분석하기 위해 이용하는 책

고 있기 때문에 태어난 시가 중요합니다만, 정확한 시를 모를 경우에는 대강의 시를 추정해서 넣으면 됩니다. 하단의 '조회하기' 버튼을 누르면 사주를 보고자 하는 사람의 사주팔자가 나타납니다.

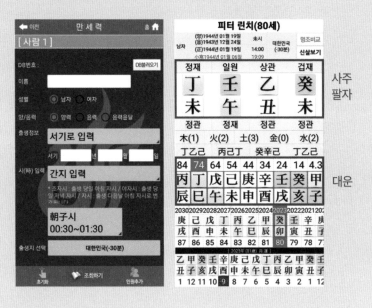

사주팔자는 오른쪽부터 왼쪽으로 읽어 나가는데, 제일 오른쪽부터 첫 번째가 연주年柱, 두 번째가 월주月柱, 세 번째가 일주日柱, 그리고 마지막이 시주時柱 입니다. 네 개의 기둥과 각 기둥의 두 글자를 합쳐 사주팔자 四柱八字 라고 합니다. 사주팔자의 아래에는 10년마다 바뀌는 운인 대운大運이 있습니다. 나머지 요소는 이 책에서 순차적으로 설명할 테니, 지금은 이 두 가지를 꼭 기억해 주세요.

# 제3장

## 주식 투자로
## 돈 버는 사주는
## 따로 있나?

*❋ 사주명리로 부자되기, 주식 투자 치트키 ❋*

# 사주로 풀어 보는
# 월가의 영웅, 피터 린치

**피터 린치**
Peter Lynch
미국의 주식 전문가

피터 린치Peter Lynch는 피델리티 인베스트먼트Fidelity Investments에서 1977년부터 1990년까지 13년간 마젤란 펀드Magellan Fund*를 운용하면서 관리 자산을 1,800만 달러에서 140억 달러로 늘린 것으로 잘 알려진 인물입니다. 자산 규모를 키우는 동안 무려 2,703%의 누적 수익률을 달성했습니다. 그리고 인생의 최고 황금기에 모든 것을 내려놓고 가족에게 돌아간 사람이죠. 그래서 월가에서는 '전설로 떠난 월가의 영웅'이란 별칭이 붙어 있는 사람입니다. 사주를 통해 피터 린치가 어떻게 위대한 투자자가 되었는지 알아보겠습니다.

---

* 세계 최대의 펀드로 명성이 높았던, 주식회사 방식으로 운영되는 펀드

# 피터 린치는 어떤 사람인가?

| 정재 | 일원 | 상관 | 겁재 |
|---|---|---|---|
| 丁 | 壬 | 乙 | 癸 |
| 未 | 午 | 丑 | 未 |
| 정관 | 정재 | 정관 | 정관 |

| 木(1) | 火(2) | 土(3) | 金(0) | 水(2) |
|---|---|---|---|---|
| 丁乙己 | 丙己丁 | 癸辛己 | 丁乙己 |  |

| 84 | 74 | 64 | 54 | 44 | 34 | 24 | 14 | 4.3 |
|---|---|---|---|---|---|---|---|---|
| 丙 | 丁 | 戊 | 己 | 庚 | 辛 | 壬 | 癸 | 甲 |
| 辰 | 巳 | 午 | 未 | 申 | 酉 | 戌 | 亥 | 子 |

피터 린치의 사주

피터 린치는 큰 호수와 같은 성향을 지녔습니다. 큰 호수는 지혜의 상징이기도 합니다. 따라서 피터 린치는 생각이 깊고 다른 사람들과 친하게 지낼 수 있는 유연한 성격의 사람일 가능성이 높습니다. 그러나 호수와 같은 큰 물은 튼튼한 제방으로 둘러싸여 가둬져 있어야 하는데 피터 린치의 경우에는 큰 호수가 가둬지지 않고 이리저리 흘러 다니므로 질서와 순서를 잘 지키지 않는 자유로운 영혼의 성격이라고 볼 수 있습니다. 따라서 꽉 짜인 조직에서는 일하기 힘든 사주이고, 그래서 펀드 매니저가 된 것으로 생각됩니다. 또한, 큰 호수이지만 수원지가 되는 뿌리가 없어 멀리 흘러가지 못하는 사주입니다. 금金은 바위틈의 수원지 역할을 하는데, 피터 린치는 금金 기운이 없는 사주입니다.

피터 린치의 재물운은 인생 초반부터 마지막까지 잘 이어질 수 있는 사주입니다. 그래서 은퇴 후에도 여러 자문 역할을 하며 재산을 잘 모으고, 유지하고 있습니다.

## 오행 분석

오행은 목木, 화火, 토土, 금金, 수水를 의미합니다. 피터 린치는 오행 중 금金이 없는 사주입니다. 금金은 수水의 수원지 역할을 하는데 그것이 없는 것이 아쉽습니다. 또한, 금金은 결단력을 의미합니다. 금金이 없는 사람은 중요한 의사결정을 할 때 선뜻 결론을 내리지 못하는 경우가 많습니다. 그러나 자신에게 없는 금金이 운으로 들어오면 능력 발휘를 잘 할 수 있습니다.

## 사주 해석

이 사주는 밝기로 따지면 어두운 사주입니다. 사주가 어둡다는 것은 사주를 밝힐 불빛이 약하다는 뜻입니다. 사실 주식 투자에 적합한 사주는 너무 밝지 않은, 어느 정도 어두운 사주입니다. 또한, 나 자신이 재물을 깔고 앉은 격*으로, 조직 생활보다는 사업을 할 가능성이 큽니다. 그래서 펀드 매니저가 되었고, 그 결과 성공했습니다. 다만, 이 사주는 가둬지지 않은 물과 같이 이리저리 흘러 다니는 모양으로, 삶의

---

\* 일간이 극(剋)하는 오행이 재성이 된다. 피터 린치의 일간은 수(水)이므로, 수(水)가 극하는 화(火)가 재성을 의미한다. 일간 아래에 있는 일지가 화(火)이므로 일간이 재물을 깔고 앉은 격이라 말할 수 있다.

유동성이 크다는 것이 문제입니다. 한 자리에 있지 못하고 이리저리 돌아다니는 사주이니 성공하지 못했으면 방랑 생활을 할 수도 있는 사주입니다.

## 대운 분석

피터 린치에게는 재물운이 오는 것보다 금金 기운이 오는 것이 중요합니다. 본인에게 없는 기운이 와서 채워질 때 능력을 발휘하기 좋습니다. 피터 린치에게 금金은 34세인 1977년부터 20년간 이어집니다. 실제로 그는 이 기간에 펀드 매니저로 큰 성공을 거둡니다. 특히 이 기간에는 금金 기운이 재물운을 같이 불러와 두 운이 협력하여 성공을 뒷받침했습니다. 그러나 그 운이 지나간 다음에는 펀드 매니저로서의 삶을 그만두게 되었는데, 아무래도 그 이유는 수원지가 없어져 물이 멀리 흘러가지 못했기 때문일 것입니다.

## 사주 오행을 알아보자

    사주명리는 음양오행陰陽五行을 중심으로 발전된 이론입니다. 오행은 우주 만물의 다섯 가지 재료인 목木, 화火, 토土, 금金, 수水를 말합니다. 사주명리는 기본적으로 오행에 대한 이해가 있어야 합니다. 어떤 기운을 많이 가지고 태어났느냐에 따라 인생의 방향성이 정해지기 때문입니다. 이런 오행의 특성을 하나씩 살펴보겠습니다.

## 목(木) 기운

### 기본 성격

    봄의 기운, 생기生氣, 발생發生, 생장生長, 중력을 거스르는 진취성, 시작하는 기운 등

### 물상

    봄의 초목草木 또는 거대한 나무

## 작용

- 새로운 일에 대한 기획, 창의적인 일, 새로운 분야의 개척, 장기적인 계획, 진취적이고 미래 지향적인 성격, 젊은 기운
- 새로운 지식에 대한 왕성한 욕구 및 보급
- 키우고 기르는 일을 의미하므로 교육적인 기질로 봄
- 목木 기운이 과할 경우 일만 추진하고 결실이 없음
- 목木 기운이 약할 경우 진취성이 결여됨
- 인仁의 성품을 지니므로 목木 기운이 없으면 인색한 경향이 있음
- 직업: 교육, 출판, 언론, 건축, 사람을 상대하는 일 등

# 화(火) 기운

## 기본 성격

여름의 기운, 발산하는 기운, 기의 확산 및 확대, 결실, 밝음의 정도 등

## 물상

빛 또는 온기

## 작용

- 일에 대한 표현, 표출하려는 성향, 결과보다는 외형을 중요시함, 화려함을 중요시함
- 추진력, 판단력, 적극적인 기질이 강함
- 현실 지향적 성향, 명랑, 쾌활, 밝음, 질서, 순서

- 화火 기운이 과할 경우 외형만 화려할 뿐 내실이 부족함

- 화火 기운이 약할 경우 현실성 및 추진력이 결여됨

- 예禮를 중시하는 성품을 지니므로 화火 기운이 없으면 예의 없는 사람이 될 수 있음

- 직업: 방송, 예술, 종교, 교육, 정신적인 일, 전기·전자 등

# 토(土) 기운

## 기본 성격

음양이 교체되는 시기의 중립적인 기운, 조절 및 완충 작용, 권력 의지 등

## 물상

대지大地, 하늘과 만물을 연결하는 가교 역할

## 작용

- 중용시도中庸之道, 신중성, 모든 것을 받아들이고 길러내는 특성

- 주어진 일에 대한 유지, 보존적 성향, 보수적 기질

- 수동적이며, 목木 기운이나 화火 기운에 비해 진취성이 떨어지고, 가정적이나 개혁 의지는 떨어짐

- 토土 기운이 과할 경우 지나치게 보수적이며 옹고집 성향을 보이고, 변화를 꺼려하며 답답함

- 토土 기운이 약할 경우 시작만 있고 결과는 보잘것없게 됨

- 신의信義, 즉 믿음과 신뢰, 성실성, 정직, 관대함의 성품을 지니므로 토土 기운이 없으면 신의가 없는 사람이 될 수 있음
- 직업: 부동산(중개업 또는 토목 분야), 종교, 교육 등

# 금(金) 기운

## 기본 성격

가을의 기운, 숙살肅殺의 기운, 초목 결실에 대한 주관 등

## 물상

바위 또는 쇠

## 작용

- 결과주의자로 장기적인 계획보다는 수년 안에 나타날 결과를 중시함
- 비판적, 냉소적, 결단력, 냉철함, 분석적이고 논리적인 기질
- 항상 긴장된 성격, 자신과 다른 사람을 긴장시키는 성향, 신중함, 자신을 잘 드러내지 않음
- 금金 기운이 과할 경우 지나치게 비판적이고 외고집, 다툼, 분쟁, 파괴적 성향을 나타냄
- 금金 기운이 약할 경우 결단력이나 추진력이 약하고 우유부단함
- 의義를 중요시하는 성품이며, 시비를 가리기를 좋아하므로 금金 기운이 없으면 의리 없는 사람이 될 가능성이 큼

- 직업

  ① 문과인 경우: 법조계, 군인, 경찰, 경영, 경제 분야 등

  ② 이과인 경우: 전기·전자, 의학, 제약, 생명공학, 금속·기계, 자동차, 음향 등

# 수(水) 기운

## 기본 성격

겨울의 기운, 축장蓄藏*, 갈무리하는 기운, 봄을 준비하는 기운 등

## 물상

생명, 만물의 생장의 원동력, 바다, 강, 호수, 이슬

## 작용

- 신중하고 겸손함, 유연한 자세, 인내와 침묵

- 교육적 기질, 봉사적 기질

- 유동적, 융통성, 인내심, 겸손, 지구력, 임기응변, 친화력

- 수水 기운이 과할 경우 유동적이고 방황하거나 주거가 불안정해짐

- 수水 기운이 약할 경우 답답하고 고지식하며, 질병으로 고생하게 됨

- 지혜智慧와 예지 능력이 있고, 사색하기 좋아하며 정보력이 뛰어남

- 직업: 해외, 유통, 음식과 관련 있는 일 등

---

\* 모아서 감추거나 거두어 둠

# 주식 투자로 돈 버는 사람의
# 사주 특성은?

주식 투자자들은 과연 주식으로 큰돈을 벌 수 있는 사주가 따로 있느냐에 관심이 있습니다. 재물운과 주식 투자를 서로 연결시켜 주식 투자를 하기에 합당한 사주를 따져 보겠습니다.

## 주식 투자에 적합하지 않은 사주

모두가 주식 투자에 적합한 것은 아닙니다. 특히 사주명리에서 주식 투자에 적합하지 않은 사주는 다음과 같습니다.

### 너무 밝은 사주

투자를 전공한 사람으로 동의하기 어려운 일이긴 하지만, 주식 투자도 투기적인 요소를 배제할 수 없습니다. 따라서 주식 투자를 허가된 투기 수단으로 보는 이들도 있습니다. 보통 도박이나 투기는 세상의 어두운 면을 포함하고 있으므로 사주가 너무 밝으면 주식 투자에 적합하지 않습니다.

투자 심리 측면에서 볼 때, 주식 시장은 돈에 대한 욕망이 강하게 작용하는 곳입니다. 속칭 '욕망의 불구덩이'라고 말할 수 있습니다. 그런데 사주가 밝은 사람은 자신을 감추지 못하기 때문에 남들에게 자신의 속내를 모두 드러내 오히려 손해를 볼 가능성이 큽니다.

| 편인 | 일원 | 편관 | 식신 |
|---|---|---|---|
| 甲 | 丙 | 壬 | 戊 |
| 午 | 辰 | 戌 | 辰 |
| 겁재 | 식신 | 식신 | 식신 |
| 木(1) | 火(2) | 土(4) | 金(0) | 水(1) |

이 사주는 일간이 병화丙火로 태양과 같습니다. 태양은 낮에 빛을 발하고, 세상 모든 곳을 비추는 역할을 합니다. 그래서 태양이 홀로 뜬 경우 아주 밝은 사주로 봅니다. 병화丙火는 안개 역할을 하는 계수癸水가 있거나, 또 다른 병화丙火가 하나 더 있거나, 신금辛金에 의해 합이 되지 않으면 흐려지지 않습니다. 특히 지지에 인오술寅午戌이란 글자 조합이 이루어지면 태양이 더 밝아집니다. 이런 사주를 가진 사람은 주식 투자에 어울리지 않습니다.

## 무재사주

사주에 재물운이 없는 사주를 무재無財사주라고 하는데, 무재사주는 재물을 모으기 어려운 사주입니다. 그런데 무재사주라도 대운에 재물운이 오면 재물을 모을 수 있습니다. 그러나 대운에 재물운이 받쳐주지 않으면 주식 투자로 큰 수익을 내는 것은 어렵습니다.

| 비견 | 일원 | 편관 | 식신 |
|------|------|------|------|
| 壬 | 壬 | 戊 | 甲 |
| 寅 | 寅 | 辰 | 辰 |
| 식신 | 식신 | 편관 | 편관 |
| 木(3) | 火(0) | 土(3) 金(0) | 水(2) |
| 戊丙甲 | 戊丙甲 | 乙癸戊 | 乙癸戊 |

| 84 | 74 | 64 | 54 | 44 | 34 | 24 | 14 | 4.0 |
|----|----|----|----|----|----|----|----|-----|
| 丁 | 丙 | 乙 | 甲 | 癸 | 壬 | 辛 | 庚 | 己 |
| 丑 | 子 | 亥 | 戌 | 酉 | 申 | 未 | 午 | 巳 |

이 사주를 가진 사람은 큰 호수와 같은 사람으로, 이 사람에게는 붉은색으로 표시된 화火 기운이 재물을 의미합니다. 그런데 사주에는 화火 기운이 없으므로 재물이 없는 무재사주입니다. 재성 대운은 어릴 때 지나갔으며, 또 다시 맞이하는 재성 대운은 74세 이후에 나타납니다. 요즘은 100세 시대라 섣불리 판단하긴 어렵지만, 주식 투자로 큰 수익을 올리는 것은 어려운 사주입니다.

## 주식 투자에 적합한 사주

　주식 투자에 적합하지 않은 사주를 제외하면 대체로 주식 투자를 해도 무난하다는 평가를 받습니다. 특히 다음과 같은 사례에 속한 사람들은 주식 투자에 성공할 가능성이 높습니다. 즉, 사주가 지나치게 밝지 않은 사주입니다.

### 병화(丙火)와 계수(癸水)가 같이 있는 사주

| 편재 | 일원 | 편관 | 정관 |
|------|------|------|------|
| 庚 | 丙 | 壬 | 癸 |
| 寅 | 午 | 戌 | 卯 |
| 편인 | 겁재 | 식신 | 정인 |
| 木(2) | 火(2) | 土(1) 金(1) | 水(2) |

　계수癸水는 안개와 같은 것으로 태양인 병화丙火를 흐리게 하는 성질을 가지고 있습니다. 따라서 해가 떠 있어도 구름에 가려져 밝지 않은 사주가 됩니다.

### 병화(丙火)에 병화(丙火)가 하나 더 있는 경우

| 상관 | 일원 | 비견 | 편관 |
|------|------|------|------|
| 己 | 丙 | 丙 | 壬 |
| 丑 | 子 | 午 | 申 |
| 상관 | 정관 | 겁재 | 편재 |
| 木(0) | 火(3) | 土(2) 金(1) | 水(2) |

태양을 의미하는 병화丙火가 둘이 되면 더 밝아지지 않고, 흐려집니다. 그래서 태양이 두 개인 사주는 상대적으로 어두운 사주가 됩니다.

## 병화(丙火)가 있으며, 정임합(丁壬合)이 된 경우

| 정재 | 일원 | 겁재 | 편관 |
|:---:|:---:|:---:|:---:|
| 辛 | 丙 | 丁 | 壬 |
| 卯 | 戌 | 未 | 申 |
| 정인 | 식신 | 상관 | 편재 |

| 木(1) | 火(2) | 土(2) | 金(2) | 水(1) |

정임합丁壬合은 천간합天干合 중에 하나입니다. 천간합이라는 원리는 후반부에서 자세하게 다룰 예정이므로 여기에서는 간단히 설명하겠습니다.* 정화丁火와 임수壬水가 동시에 나타나는 정임합丁壬合이 되면 임수壬水의 성질이 계수癸水가 되어 병화丙火를 어둡게 만들 수 있습니다. 즉, 병화丙火가 있어도 어두운 사주가 되는데, 이때 너무 잦은 매매는 조심해야 합니다. 현실과 이상 사이에 혼란을 일으키는 정신적인 문제가 생길 우려가 있으므로 지나치게 매매에 집중하는 것은 적합하지 않습니다.

---

* 이에 대한 내용은 6장에서 자세히 다룬다.

## 병화(丙火)가 신금(辛金)에 의해 합이 된 경우

| 편인 | 일원 | 정재 | 식신 |
|------|------|------|------|
| 甲 | 丙 | 辛 | 戊 |
| 午 | 子 | 酉 | 辰 |
| 겁재 | 정관 | 정재 | 식신 |

| 木(1) | 火(2) | 土(2) | 金(2) | 水(1) |
|-------|-------|-------|-------|-------|

　태양인 병화가 신금을 만나면 병신합丙辛合*이 되는데, 이때 태양의 성질이 줄어들어 달 또는 별이라고 부르는 정화丁火의 성질이 됩니다. 즉, 밝음이 줄어드는 것입니다. 이런 사주는 일간이 묶이는 사주로, 본인이 직접 투자하는 것보다는 남의 돈을 굴려주는 펀드 매니저로 역할하는 것이 더 좋을 수 있습니다. 일간이 묶이게 되면 본인과 관련된 일은 잘 풀리지 않는 속성이 있기 때문입니다.

## 병화(丙火)가 없는 사주

| 상관 | 일원 | 편재 | 편관 |
|------|------|------|------|
| 辛 | 戊 | 壬 | 甲 |
| 酉 | 戌 | 申 | 子 |
| 상관 | 비견 | 식신 | 정재 |

| 木(1) | 火(0) | 土(2) | 金(3) | 水(2) |
|-------|-------|-------|-------|-------|

---

\* 　천간합 중 하나로, 병화(丙火)와 신금(辛金)이 합하면 수(水)의 성질로 변하며, 병화(丙火)는 정화(丁火)의 성향이 된다. 이에 대한 내용은 6장에서 자세히 다룬다.

태양인 병화가 없으면 사주가 빛이 없으니 어두운 사주가 됩니다. 태양이 없으므로 밝지 않고, 여기에 재물까지 잘 드러나 있으면 주식 투자를 해도 좋은 사주가 됩니다.

지금까지 사주가 너무 밝지 않은 사례를 살펴봤습니다. 그러나 여기서 제시한 사례 이외에도 더 많은 사례들이 존재할 수 있으며, 사주의 구성에 따라 달리 볼 가능성은 언제든지 있다는 점을 미리 밝혀 둡니다.

## 워런 버핏과 피터 린치의 사주 비교

주식 투자를 하기 좋은 사주 중 사주가 비교적 어둡고, 재물운이 잘 드러나 있는 경우에 대해 알아보았습니다. 이제 투자의 명인인 워런 버핏과 피터 린치의 실제 사주를 통해 다시 한번 확인하겠습니다.

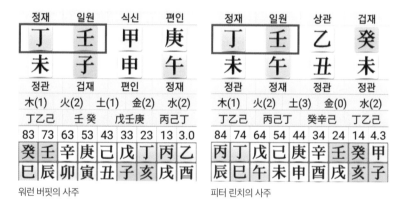

워런 버핏의 사주　　　　　피터 린치의 사주

두 사람의 공통점은 정임합丁壬合이 되어 있어 비교적 어두운 사주를 가지고 있는 것입니다. 워런 버핏은 연지에서 시지까지 지지에 재물과 관련된 글자가 자리 잡고 있으며, 피터 린치도 지지에 재물과 관련된 글자가 자리를 잘 잡고 있습니다. 이렇게 사주명리를 통해 그 사람이 주식 투자를 해도 좋은 사람인지를 확인해 볼 수 있습니다.

그러나 지금 살펴본 것은 사주팔자 원국에 대한 것이고, 사람마다 10년에 한 번씩 바뀌는 대운의 움직임으로도 주식 투자에 나서기 적합한 시기와 그렇지 않은 시기로 구분할 수 있습니다. 즉, 시간 흐르면서 바뀌는 운에 따라서도 주식 투자의 성패가 달라질 수 있다는 점을 알아야 합니다.

# 수(水) 기운이 없는 사주는?

　만세력을 통해 사주원국을 확인해 보면 오행을 모두 갖춘 사주가 의외로 많지 않습니다. 오행 중 수水 기운은 만물을 소생시키는 매우 중요한 기운입니다. 수水 기운이 없는 사람의 특징은 메마른 사주를 가진 탓에 성격이 까다로운 면이 있습니다. 또한, 건강에 신경을 많이 써야 하는 경우도 있습니다.

| 비견 | 일원 | 정인 | 비견 |
|:---:|:---:|:---:|:---:|
| 丁 | 丁 | 甲 | 丁 |
| 未 | 巳 | 辰 | 巳 |
| 식신 | 겁재 | 상관 | 겁재 |

| 木(1) | 火(5) | 土(2) | 金(0) | 水(0) |
|:---:|:---:|:---:|:---:|:---:|

　이 사주는 금金 기운과 수水 기운이 없는 사주입니다. 이렇게 수水 기운이 없는 경우에 해야 하는 일은 다음과 같습니다.

　첫째, 해외와 관련된 일을 해야 합니다. 예를 들어 외국으로 유학을 가거나, 해외여행을 많이 다니거나, 그도 아니라면 외국계 회사에 다녀야 수水 기운을 보충할 수 있습니다.

　둘째, 밤에 잠을 잘 자야 합니다. 특히 밤 9시 반에서 새벽 3시 반까지는 해자축亥子丑시에 해당됩니다. 이때 잠을 잘 자면 수水 기운을 보충할 수 있습니다. 그러나 현대인들이 이 시간에 잠을 자는 것은 쉬운 일이 아닙니다. 따라서 수水 기운이 없는 사람들은 가급적 밤 새는 일을 하지 않는 것이 좋습니다. 또한, 집을 고를 때 동네 이름에 수水와 관련된 한자가 들어가는 곳을 고르면 좋습니다. 수水 기운을 보충하여 건강을 잘 지키는 것이 최우선임을 잊지 말아야 합니다.

셋째, 수水 기운은 지혜를 상징하는 오행입니다. 지혜는 침묵 속에서 참선參禪*을 통해 다듬어지는 경우가 많습니다. 가급적 말을 줄이고 기도하는 마음을 가지면 수水가 보충됩니다.

---

\* 선(禪)에 들어간다는 뜻으로, 깨달음을 얻기 위해 궁극적인 진리를 탐구하고 자기의 본래 면목을 살피는 불교의 수행법

# 제4장

# 삶의 목표를
# 알려주는 천간

# 행동 방향을
# 결정하는 지지

✳ 사주명리로 부자되기, 주식 투자 치트키 ✳

# 사주로 풀어 보는
# LG그룹의 젊은 황제,
# 구광모 회장

**구광모**
Koo Kwang-Mo
LG그룹 회장

LG그룹을 이끌고 있는 구광모 회장은 구본무 회장의 양자로 들어가 LG그룹의 회장이 되었습니다. 그가 젊은 총수가 되었을 때, 많은 사람은 LG그룹의 앞날을 우려했습니다. 그러나 그는 취임 이후 자동차 전장 부문 등 새로운 성장 동력을 이룩하며 순항하고 있습니다. LG그룹을 이끌고 있는 구광모 회장의 사주를 간략하게 살펴보겠습니다.

## 구광모 회장은 어떤 사람인가?

| 정관 | 일원 | 편인 | 식신 |
|---|---|---|---|
| 庚 | 乙 | 癸 | 丁 |
| 辰 | 酉 | 丑 | 巳 |
| 정재 | 편관 | 편재 | 상관 |

| 木(1) | 火(2) | 土(2) | 金(2) | 水(1) |
|---|---|---|---|---|
| 乙癸戊 | | 庚辛 | 癸辛己 | 戊庚丙 |

| 86 | 76 | 66 | 56 | 46 | 36 | 26 | 16 | 5.6 |
|---|---|---|---|---|---|---|---|---|
| 甲 | 乙 | 丙 | 丁 | 戊 | 己 | 庚 | 辛 | 壬 |
| 辰 | 巳 | 午 | 未 | 申 | 酉 | 戌 | 亥 | 子 |

구광모의 사주

　구광모 회장의 사주는 정원의 꽃과 같으며, 겉은 아름답지만 내면에는 권력 지향적인 성품을 지니고 있습니다. 꽃은 정원에 심으면 아름다워 보이지만, 넓은 벌판에 피게 되면 잡초에 지나지 않습니다. 구광모 회장은 월간 계수癸水가 무토戊土를 불러오며 넓은 땅이 정원으로 바뀌는 성향을 보이므로, 자신의 자리에 어울리도록 꽃을 잘 심을 수 있습니다. 이는 원래 본인이 가지고 있지 않은 것을 끌어오는 것으로, 다른 집에 들어갈 수 있는 여지가 있던 것입니다. 을목乙木에게 재물은 토土가 되고, 명예는 금金이 됩니다.

## 오행 분석

이 사주는 표면적으로 오행이 고르게 잘 구성되어 있지만, 실제로는 금金이 매우 강한 사주입니다. 지지가 모두 금金의 성향을 가지고 있는 글자로 구성되어 있어 금金과 관련된 일을 해야 하는 사람입니다. 금金과 관련된 일로는 경제, 경영, IT, 생명과학 등이 있습니다.

## 사주 해석

구광모 회장은 일간이 경금庚金과 합을 하고 있는 을경합乙庚合*으로, 이는 재물보다 권력에 더 큰 관심을 갖는 권력 지향형의 사람입니다. 특히 지지에 사유축巳酉丑**이 있어 금金 기운이 강해지는 모습을 보이며, 사주에 직접적으로 보이지 않지만 지지에 있는 네 개의 글자 모두가 금金과 관련되어 작용합니다. 구광모 회장에게 금金은 직업 또는 명예가 되므로 본인이 하는 일로 인해 명예가 드높아질 수 있습니다. 특히 을경합乙庚合은 태양을 불러오는 안테나를 만들 수 있으므로 사주에 태양이 뜨면 최고의 자리에 오를 수 있습니다.

## 대운 분석

구광모 회장은 을경합乙庚合이 풀릴 때와 을경합이 된 상태에서 태양인 병화丙火가 뜰 때 중요한 일을 하게 됩니다. 합이 풀리는 것은 같은 글자가 대운이나 세운에서 올 때입니다. 실제로 2004년은 26세 경술庚戌 대운에 속하는 갑신甲申년으로, 경금庚金이 와서 본인을 묶었던 것으로부터 풀려나는 해입니다. 그는 생부를 떠나 큰 아버지인 구본무 회장의 양자로 입양되었고, 이후 36세 기유己酉 대운에 속하는 무술戊戌년***에 LG그룹 회장에 올랐습니다. 안테나를 매개로 태양이 떠올랐던 것입니다.

---

# 천간,
# 삶의 목표를 알 수 있다

## 천간의 구성

천간天干은 사주원국의 위쪽에 위치한 글자로, 총 열 개입니다. 열 개의 천간은 갑甲, 을乙, 병丙, 정丁, 무戊, 기己, 경庚, 신辛, 임壬, 계癸입니다.

### 갑(甲)

갑목甲木이라고 읽습니나. 오행으로는 목木 기운을 가지고 있으며, 음양으로는 양陽에 속합니다. 그래서 갑목甲木은 큰 나무로 이해합니다. 큰 나무에게 필요한 것은 나무가 뿌리를 내릴 땅과 나무가 자랄 수 있는 자양분인 물, 그리고 나무가 꽃을 피울 수 있는 태양입니다.

### 을(乙)

을목乙木이라고 읽습니다. 오행으로는 목木 기운을 가지고 있으며, 음양으로는 음陰에 속합니다. 그래서 을목乙木은 작은 꽃나무로 이해합니다. 작은 꽃나무는 정원과 같은 작은 땅에 심어져야 합니다. 꽃이 들판과 같이 넓은 곳에 심어지면 잡초가 되어 삶이 고단해질 가능성이 있습니다. 을목乙木은 물이 많이 필요하진 않지만 물이 없으면 자랄 수 없고, 태양이 없으면 예쁜 꽃을 피우기 어렵습니다.

## 병(丙)

병화丙火라고 읽습니다. 오행으로는 화火 기운을 가지고 있으며, 음양으로는 양陽에 속합니다. 그래서 병화丙火는 태양과 같은 큰 불 기운으로 이해합니다. 태양은 낮에 밝게 빛나는 것으로, 운명의 시간이 낮에 흐를 때 능력을 발휘할 수 있습니다.

## 정(丁)

정화丁火라고 읽습니다. 오행으로는 화火 기운을 가지고 있으며, 음양으로는 음陰에 속합니다. 그래서 정화丁火는 촛불, 별, 달, 가로등 등과 같은 의미로 이해합니다. 별이나 달은 밤에 빛나는 것으로, 운명의 시간이 밤에 흐를 때 능력을 발휘할 수 있습니다.

## 무(戊)

무토戊土라고 읽습니다. 오행으로는 토土 기운을 가지고 있으며, 음양으로는 양陽에 속합니다. 그래서 무토戊土는 넓은 대지, 광활한 영토 등으로 이해합니다. 넓은 땅에는 많은 나무가 심어져야 하며, 바싹 마른 땅은 쓸모가 없으므로 적당한 물이 공급되어야 합니다.

# 기(己)

기토己土라고 읽습니다. 오행으로는 토土 기운을 가지고 있으며, 음양으로는 음陰에 속합니다. 그래서 기토己土는 집안의 정원이나 문전옥답門前沃畓*으로 이해합니다. 정원과 같은 사람은 가정적인 면모가 강한데, 정원에 갑목甲木과 같은 아름드리나무가 심어지면 답답할 뿐 아니라 정원이 파괴되는 모습을 보이기도 합니다.

# 경(庚)

경금庚金이라고 읽습니다. 오행으로는 금金 기운을 가지고 있으며, 음양으로는 양陽에 속합니다. 그래서 경금庚金은 큰 칼이나 큰 바위로 이해합니다. 칼은 물이 반드시 필요합니다. 그래야 칼을 잘 벼를 수 있고 능력도 발휘할 수 있습니다. 또한 칼을 자유자재로 쓰기 위해서는 손잡이가 되는 나무가 있어야 합니다. 그렇지 않으면 그 칼로 인해 자신이 상처받을 수 있습니다.

# 신(辛)

신금辛金이라고 읽습니다. 오행으로는 금金 기운을 가지고 있으며, 음양으로는 음陰에 속합니다. 그래서 신금辛金은 작은 칼 즉, 수술용 칼로 이해합니다. 신금辛金도 물이 있어야 능력 발휘가 용이하며, 손잡이가 되는 나무가 있어야 합니다. 특히 천간이 신금辛金인 사람이 의사가 되면 수술을 하는 전공으로 갈 가능성이 있습니다. 반대로 의

---

*　집 가까이에 있는 비옥한 논을 의미하는 말

사 중 신금辛金이 없는 사람은 수술을 하지 않는 전공으로 갈 가능성이 큽니다.

## 임(壬)

임수壬水라고 읽습니다. 오행으로는 수水 기운을 가지고 있으며, 음양으로는 양陽에 속합니다. 그래서 임수壬水는 큰 바다, 큰 강 또는 큰 호수로 이해합니다. 큰 물은 반드시 제방으로 둘러싸여 있어야 능력을 발휘할 수 있으며, 그렇지 않으면 물이 사방팔방으로 흘러 넘쳐 생활이 안정되지 않는 경우가 많습니다.

## 계(癸)

계수癸水라고 읽습니다. 오행으로는 수水 기운을 가지고 있으며, 음양으로는 음陰에 속합니다. 그래서 계수는 시냇물 또는 옹달샘으로 이해합니다. 시냇물도 제방이 있는 것이 좋고 특히 수원지가 되는 바위 즉, 금金이 있어야 멀리 흘러갈 수 있습니다.

천간의 오행 배속과 음양을 정리하면 다음과 같습니다.

| 천간 | 갑甲 | 을乙 | 병丙 | 정丁 | 무戊 | 기己 | 경庚 | 신辛 | 임壬 | 계癸 |
|---|---|---|---|---|---|---|---|---|---|---|
| 오행 | 목木 | | 화火 | | 토土 | | 금金 | | 수水 | |
| 음양 | + | - | + | - | + | - | + | - | + | - |

음양은 (+), (-)로 표시

## 천간의 의미

일반적으로 천간은 삶의 목표를 의미합니다. 즉, 일간이 어떤 글자인지를 확인하면 그 사람의 성향 및 삶의 목표를 알 수 있습니다.

예를 들어 갑목甲木 일간인 사람은 큰 나무와 같은 사람입니다. 큰 나무는 뿌리를 내릴 수 있는 큰 땅土과 나무가 자랄 수 있는 수분水이 필요합니다. 그리고 꽃을 피우기 위해서는 태양火이 적절히 비춰져야 하며, 가을에 나무를 가꾸기 위해 가위 역할을 하는 금金이 필요합니다.

그럼 삶의 목표는 무엇일까요? 먼저, 이 사람이 재물을 목표로 하는지 혹은 명예를 중요시하는지 판단해야 합니다. 판단 기준은 천간에 드러난 글자를 우선적으로 봅니다.

앞선 사주를 보면 이 사람은 천간에 재물이 드러나지 않은 무재 사주이며, 연간에 나타난 정화丁火 정관正官이 관성이므로 재물보다는 명예나 직장운을 삶의 목표로 삼게 됩니다.

# 지지,
# 행동 방향을 결정하는 열쇠

## 지지의 구성

지지地支는 자子, 축丑, 인寅, 묘卯, 진辰, 사巳, 오午, 미未, 신申, 유酉, 술戌, 해亥로 총 열두 글자입니다. 지지를 읽는 법과 그 의미는 다음과 같습니다.

### 자(子)

쥐띠로, 자수子水라고 읽습니다. 오행은 수水 기운에 속하고, 음양으로는 양陽의 기운입니다. 음력 11월에 해당하므로 계절은 겨울입니다.

### 축(丑)

소띠로, 축토丑土라고 읽습니다. 오행은 토土 기운에 속하고, 음양으로는 음陰의 기운입니다. 축축하고 차가운 땅을 의미하며, 음력 12월에 해당하므로 계절은 겨울에서 봄으로 넘어가는 환절기입니다.

## 인(寅)

호랑이띠로, 인목寅木이라고 읽습니다. 오행은 목木 기운에 속하고, 음양으로는 양陽의 기운입니다. 음력 1월에 해당하므로 계절은 봄입니다.

## 묘(卯)

토끼띠로, 묘목卯木이라고 읽습니다. 오행은 목木 기운에 속하고, 음양으로는 음陰의 기운입니다. 음력 2월에 해당하므로 계절은 봄입니다.

## 진(辰)

용띠로, 진토辰土라고 읽습니다. 오행은 토土 기운에 속하고, 음양으로는 양陽의 기운입니다. 만물을 소생시킬 수 있는 기름진 땅을 의미하며, 음력 3월에 해당하므로 계절은 봄에서 여름으로 넘어가는 환절기입니다.

## 사(巳)

뱀띠로, 사화巳火라고 읽습니다. 오행은 화火 기운에 속하고, 음양으로는 음陰의 기운입니다. 음력 4월에 해당하므로 계절은 여름입니다.

## 오(午)

말띠로, 오화午火라고 읽습니다. 오행은 화火 기운에 속하고, 음양으로는 양陽의 기운입니다. 음력 5월에 해당하므로 계절은 한여름입니다.

## 미(未)

양띠로, 미토未土라고 읽습니다. 오행은 토土 기운에 속하고, 음양으로는 음陰의 기운입니다. 물기가 없고 뜨거운 땅을 의미하여 미토未土는 조열燥熱*하다고도 합니다. 음력 6월에 해당하므로 계절은 여름에서 가을로 넘어가는 환절기입니다.

## 신(申)

원숭이띠로, 신금申金이라고 읽습니다. 오행은 금金 기운에 속하고, 음양으로는 양陽의 기운입니다. 음력 7월에 해당하므로 계절은 가을입니다.

## 유(酉)

닭띠로, 유금酉金이라고 읽습니다. 오행은 금金 기운에 속하고, 음양으로는 음陰의 기운입니다. 음력 8월에 해당하므로 계절은 가을입니다.

## 술(戌)

개띠로, 술토戌土라고 읽습니다. 오행은 토土 기운에 속하고, 음양으로는 양陽의 기운입니다. 물기가 없고 자갈이 많은 메마른 땅을 의미하며, 음력 9월에 해당하므로 계절은 가을에서 겨울로 넘어가는 환절기입니다.

---

\* 바싹 마르고 덥다.

# 해(亥)

돼지띠로, 해수亥水라고 읽습니다. 오행은 수水 기운에 속하고, 음양으로는 음陰의 기운입니다. 음력 10월에 해당하므로 계절은 겨울로 들어서는 때입니다.

지지를 정리하면 다음과 같습니다. 흔히 자수子水를 처음에 두지만 계절은 봄, 여름, 가을, 겨울 순으로 나아가기 때문에 인목寅木을 처음에 두고 정리해야 합니다.

| 지지 | 인寅 | 묘卯 | 진辰 | 사巳 | 오午 | 미未 | 신申 | 유酉 | 술戌 | 해亥 | 자子 | 축丑 |
|---|---|---|---|---|---|---|---|---|---|---|---|---|
| 오행 | 木 | 木 | 土 | 火 | 火 | 土 | 金 | 金 | 土 | 水 | 水 | 土 |
| 음양 | + | - | + | - | + | - | + | - | + | - | + | - |
| 동물 | 호랑이 | 토끼 | 용 | 뱀 | 말 | 양 | 원숭이 | 닭 | 개 | 돼지 | 쥐 | 소 |
| 월 | 1월 | 2월 | 3월 | 4월 | 5월 | 6월 | 7월 | 8월 | 9월 | 10월 | 11월 | 12월 |
| 계절 | 봄 | | | 여름 | | | 가을 | | | 겨울 | | |

음양은 (+), (-)로 표시

# 행동 방향의 결정

지지를 통해 행동 방향을 알기 위해서는 지지가 서로 합해지는 원리를 알아야 합니다.

- 지지가 목木 기운으로 합해지면, 목木의 성질을 가진 직업인 교육, 건축, 섬유, 글을 쓰는 일, 사람을 만나는 일 등을 지향하면 됩니다.

- 지지가 화火 기운으로 합해지면, 화火의 성질을 가진 방송, 예술, 교육, 종교, IT 등을 지향하면 됩니다.

- 지지가 금金 기운으로 합해지면, 금金의 성질을 가진 법, 경제, 금융, 군인, 경찰, 생명과학, IT 등을 지향하면 됩니다.

- 지지가 수水 기운으로 합해지면, 수水의 성질을 가진 유통, 음·식료, 해외와 관련된 일 등을 지향하면 됩니다.

- 지지가 토土 기운으로 합해지면, 토土의 성질을 가진 교육, 부동산, 종교 등을 지향하면 됩니다.

## ☀ 60갑자의 구성

천간의 열 글자와 지지의 열두 글자의 조합으로 60갑자를 구성합니다. 천간이 양陽의 글자면 지지도 양陽의 글자가 오고, 천간이 음陰의 글자면 지지도 음陰의 글자가 옵니다. 이러한 원리로 천간과 지지를 하나씩 짝지어 만든 것이 갑자甲子로 시작하여 계해癸亥까지 한 바퀴를 돌게 되면 60년을 기록할 수 있습니다. 그래서 만 60세를 한 바퀴를 돌고 다시 제자리로 돌아왔다는 의미로 회갑回甲이라고 합니다. 그렇다면 60갑자는 어떻게 구성되는지 알아보겠습니다.

| 갑자<br>甲子 | 을축<br>乙丑 | 병인<br>丙寅 | 정묘<br>丁卯 | 무진<br>戊辰 | 기사<br>己巳 | 경오<br>庚午 | 신미<br>辛未 | 임신<br>壬申 | 계유<br>癸酉 |
|---|---|---|---|---|---|---|---|---|---|
| 갑술<br>甲戌 | 을해<br>乙亥 | 병자<br>丙子 | 정축<br>丁丑 | 무인<br>戊寅 | 기묘<br>己卯 | 경진<br>庚辰 | 신사<br>辛巳 | 임오<br>壬午 | 계미<br>癸未 |
| 갑신<br>甲申 | 을유<br>乙酉 | 병술<br>丙戌 | 정해<br>丁亥 | 무자<br>戊子 | 기축<br>己丑 | 경인<br>庚寅 | 신묘<br>辛卯 | 임진<br>壬辰 | 계사<br>癸巳 |
| 갑오<br>甲午 | 을미<br>乙未 | 병신<br>丙申 | 정유<br>丁酉 | 무술<br>戊戌 | 기해<br>己亥 | 경자<br>庚子 | 신축<br>辛丑 | 임인<br>壬寅 | 계묘<br>癸卯 |
| 갑진<br>甲辰 | 을사<br>乙巳 | 병오<br>丙午 | 정미<br>丁未 | 무신<br>戊申 | 기유<br>己酉 | 경술<br>庚戌 | 신해<br>辛亥 | 임자<br>壬子 | 계축<br>癸丑 |
| 갑인<br>甲寅 | 을묘<br>乙卯 | 병진<br>丙辰 | 정사<br>丁巳 | 무오<br>戊午 | 기미<br>己未 | 경신<br>庚申 | 신유<br>辛酉 | 임술<br>壬戌 | 계해<br>癸亥 |

이렇게 짝지어진 60갑자의 순서를 알면 만세력을 보지 않고도 천간과 지지를 쉽게 찾을 수 있습니다.

천간과 지지, 사주 구성을 알면 앞으로 전개되는 사주 이야기를 이해하고, 이를 통해 성공적인 주식 투자 시기와 내게 맞는 투자 업종이 무엇인지 알 수 있습니다.

# 수(水) 기운이 너무 많은 사주는?

수水 기운이 너무 강한데 제방이 제대로 갖춰지지 않은 경우에는 생활이 불안정하고 이리저리 휩쓸려 다니는 경우가 많습니다. 다음 사례를 통해 확인해 보겠습니다.

| 비견 | 일원 | 겁재 | 겁재 |
|------|------|------|------|
| 癸 | 癸 | 壬 | 壬 |
| 丑 | 亥 | 寅 | 申 |
| 편관 | 겁재 | 상관 | 정인 |

| 木(1) | 火(0) | 土(1) | 金(1) | 水(5) |
|-------|-------|-------|-------|-------|

| 癸辛己 | 戊甲壬 | 戊丙甲 | 戊壬庚 |
|--------|--------|--------|--------|

| 86 | 76 | 66 | 56 | 46 | 36 | 26 | 16 | 5.6 |
|----|----|----|----|----|----|----|----|-----|
| 辛 | 庚 | 己 | 戊 | 丁 | 丙 | 乙 | 甲 | 癸 |
| 亥 | 戌 | 酉 | 申 | 未 | 午 | 巳 | 辰 | 卯 |

이 사주는 수水 기운이 매우 강한 사주입니다. 오행상 수水가 다섯 개나 되지만 그 물을 막아줄 제방을 뜻하는 무토戊土가 보이지 않아 제방 구실을 할 수 없는 사주입니다. 이러한 사주는 삶이 불안정하여 한 곳에 정착하지 못합니다. 흔히 부모 말을 잘 듣지 않고, 자기 마음 대로 움직이는 특징을 가지고 있습니다. 이 경우에 해야 할 일은 다음과 같습니다.

첫째, 물이 너무 많으면 물을 흘려보내야 합니다. 물을 흘려보낸다는 것은 해외와 관련된 일을 하는 것입니다. 유학을 가거나, 해외여행을 다니거나, 그렇지 않으면 외국계 회사에 다니는 것도 하나의 방법이 됩니다.

둘째, 중국과 인연을 맺으면 좋습니다. 중국은 사주에서 무토戊土의 나라입니다. 따라서 중국에 가거나 중국 관련 비즈니스를 하면 좋습니다. 국내의 경우에는 충청도에 직장을 잡거나 충청도로 이사하면 어느 정도 해결될 수 있습니다.

셋째, 대운에서 무토戊土 대운이 올 때까지 기다려야 합니다. 이 사주는 56세에 무신戊申 대운이 오기 때문에 그때가 되면 생활이 안정될 것으로 보입니다.

수水가 없는 사주나 수水가 너무 많은 사주의 경우 처방이 비슷합니다. 그 이유는 사주에서 너무 많은 것은 없는 것과 같고, 없는 것은 무한대로 존재하는 것과 같은 의미를 가지는 경우가 있기 때문입니다.

제5장

# 상생과 상극을 통해
# 알아보는
# 재성과 관성

# 사주로 풀어 보는
# 마이크로소프트의 설립자,
# 빌 게이츠

**빌 게이츠**
Bill Gates
마이크로소프트 설립자

빌 게이츠Bill Gates는 마이크로소프트의 설립자이자 기업인입니다. 그는 개인용 컴퓨터를 사용하기 시작할 때 MS-DOS와 Windows를 출시하여 성공 신화를 썼습니다. 그 결과, 1995년에서 2009년까지 10년이 넘는 기간 동안 전 세계에서 재산이 가장 많은 사람으로 불렸습니다. 2008년 은퇴 이후 교육 및 자선 사업에 전념하고 있습니다. 빌 게이츠의 사주 분석을 통해 그가 어떤 성향을 가졌으며, 언제 사업에서 큰 성공을 이룰 수 있었는지 알아보겠습니다.

# 빌 게이츠는 어떤 사람인가?

| 상관 | 일원 | 편재 | 상관 |
|---|---|---|---|
| 乙 | 壬 | 丙 | 乙 |
| 巳 | 戌 | 戌 | 未 |
| 편재 | 편관 | 편관 | 정관 |

| 木(2) | 火(2) | 土(3) | 金(0) | 水(1) |
|---|---|---|---|---|
| 戊庚丙 | 辛丁戊 | 辛丁戊 | 丁乙己 |

| 86 | 76 | 66 | 56 | 46 | 36 | 26 | 16 | 6.3 |
|---|---|---|---|---|---|---|---|---|
| 丁 | 戊 | 己 | 庚 | 辛 | 壬 | 癸 | 甲 | 乙 |
| 丑 | 寅 | 卯 | 辰 | 巳 | 午 | 未 | 申 | 酉 |

빌게이츠의 사주

빌 게이츠는 큰 호수와 같은 사람으로, 생각이 깊고 친화력 있는 성향을 지니고 있습니다. 큰 호수는 큰 제방이 있어야 물을 제대로 가둘 수 있지만, 빌 게이츠는 제방이 없어 인생에 유동성이 큰 사람입니다. 이러한 사주는 제방이 만들어졌을 때 능력을 발휘할 수 있으며, 그렇지 않은 경우 해외와 관련된 일을 하면서 물을 흘려보내야 합니다. 빌 게이츠에게 재성은 화火 기운으로 지지에 온통 화火와 관련된 글자가 깔려 있고, 천간에도 병화丙火가 있어 재성이 잘 드러나 있습니다. 관성은 토土 기운이 되는데, 관성도 지지에 잘 자리잡고 있습니다.

## 오행 분석

이 사주는 오행 중 금金 기운이 없고, 상대적으로 토土 기운이 활성화된 사주입니다. 금金은 물의 수원지 역할을 하므로, 금金이 없다는 것은 한 가지 일을 길게 하지 못하고 중간에 끊어지는 경우가 발생할 수 있다는 것을 의미합니다. 토土 기운이 강한 것은 명예를 추구하는 성향을 갖는 것으로, 사주 구성상 명예가 높아질수록 재물이 생기는 구조를 가지고 있습니다.

## 사주 해석

빌 게이츠는 제방이 없는 호수이며, 유동성이 큰 삶을 살 가능성이 큽니다. 하버드 대학에 입학한 이후 중퇴하는 등의 삶이 그 반증이 될 수 있습니다. 빌 게이츠는 화火 기운이 재물이 되는데 천간에 재물이 드러나 있으며, 지지에도 재물 역할을 하는 글자가 네 개나 깔려 있어 재운이 일생 동안 풍요로운 사람입니다. 금金이 없는 사람은 금金과 관련된 일을 하게 되는데, IT 또는 생명공학과 관련이 있습니다. 그래서 빌 게이츠는 IT 분야에서 일을 하다가 나이가 들어서는 백신과 같은 생명공학 분야에서 활약합니다.

## 대운 분석

그는 26세부터 시작되는 계미癸未 대운에 계수癸水가 큰 땅인 무토戊土를 불러와 제방을 만들면서 승승장구하기 시작합니다. 이후 본인에게 필요한 재물과 금金 기운이 이어지는 모습을 보이지만,

66세 기묘己卯 대운이 시작되는 2020년에 모래흙이 호수를 탁하게 만들어 은퇴와 이혼으로 어려움을 겪게 됩니다. 그러나 다음 대운인 76세 무인戊寅 대운은 본인의 명예가 가장 빛날 수 있는 대운으로, 위기를 잘 넘기고 나면 탄탄대로를 걷게 되는 운입니다.

# 상생이란
## 좋은 것인가?

사주명리는 음양과 오행을 중심으로 사람의 성격과 운명을 판단합니다. 오행은 목木, 화火, 토土, 금金, 수水를 말하며, 이들은 서로 생生하기도 하고, 극剋하기도 합니다. 이러한 오행의 상생相生과 상극相剋 작용을 통해 사주를 해석하는데, 상생은 좋은 것이고 상극은 나쁜 것이라는 생각은 잘못된 생각입니다.

오행의 상생

오행의 상생相生이란 오행이 서로 도움 주는 것을 말합니다. 흔히 목생화木生火, 화생토火生土, 토생금土生金, 금생수金生水, 수생목水生木으로 알려져 있습니다. 이것을 그림으로 살펴보면 쉽게 이해할 수 있습니다. 나무木는 불火을 살리고, 불火은 땅土을 살리며, 땅土은 금金을 만듭니다. 금金은 물水

을 살리며, 물水은 다시 나무木를 살립니다.

현대적 의미를 더하여 쉽게 설명하면 다음과 같습니다.

- 목생화木生火: 나무는 불을 살리며, 나무는 햇볕을 받아야 꽃을 피운다.

- 화생토火生土: 햇볕을 받은 땅은 단단해져 쉽게 무너지지 않는다.

- 토생금土生金: 땅은 금을 만들어 내며, 땅속에서 금속을 캐낼 수 있다.

- 금생수金生水: 바위틈에서 물이 생긴다. 즉, 수원지가 있어야 물이 멀리 흘러갈 수 있다. 또한, 금은 물속에서 놀기를 좋아한다. 즉, 금은 물이 있어야 예리해진다.

- 수생목水生木: 나무가 자라기 위해서는 물이 있어야 한다.

사람이 사는 원리에 오행의 상생 구조를 대입하면 '부모가 나를 보호하는 모양'이라고 말합니다. 그러나 너무 많은 도움은 오히려 나를 망가트릴 수 있습니다. '맑은 날만 이어지면, 삶은 사막이 된다.'라는 말이 있듯이 사람은 살면서 어려움을 겪고 그것을 이겨내는 과정에서 심신이 단단해집니다. 따라서 무조건적인 상생 구조는 바람직하지 않다는 삶의 이치를 이해해야 합니다.

상생 구조를 갖는 명조의 예는 다음과 같습니다.

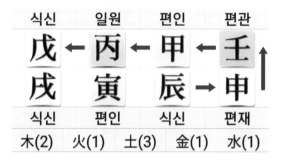

이 사주는 천간이 수생목水生木, 목생화木生火, 화생토火生土로 되어 있고, 지지도 토생금土生金, 금생수金生水로 상생 구조가 잘 만들어진 사주입니다. 이러한 사주는 오행이 잘 유통되어 일반적으로 운이 잘 풀린다고 말합니다. 그러나 상생 구조를 가지는 것만으로 사주 해석이 끝나는 것은 아닙니다.

# 상극이란
# 나쁜 것인가?

상극相剋은 상대를 억제하거나 상대의 기운을 누르는 작용으로 목극토木剋土, 토극수土剋水, 수극화水剋火, 화극금火剋金, 금극목金剋木을 말합니다. 이는 나무木는 땅土을, 땅土은 물水을, 물水은 불火을, 불火은 금金을, 금金은 나무木를 극한다는 내용입니다.

오행의 상극

앞서 살펴본 상생은 시계 방향으로 생을 해주지만, 상극은 하나의 오행을 건너서 나타납니다. 오행을 원에 배치하고 상극을 살펴보면 별 모양의 상극도가 만들어집니다.

상극은 서로 맞지 않아 나쁜 것으로 받아들이는 경우가 많습니다. 하지만 상극을 나쁜 의미로 받아들일 필요가 없습니다. 누군가의 통제를 받는다는 것은 자신을 제어할 수 있는 조직이나 사람이 있다는 의미로 해석할 수 있기 때문입니다. 오히려 극을 받지 않은 사람은 질서와 순서를 지키지 않는 사람이 될 가능성이 매우 높습니다. 질서와 순서를 지키지 않는다는 것은 틀이 존재하는 조직 생활보다 자유롭게 일할 수 있는 프리랜서 일을 좋아한다는 의미가 되기도 합니다.

사람이 살아갈 때 나를 제어해주는 사람이 없으면 자칫 자기를 통제하지 못해 경쟁력 없는 사람이 될 수 있습니다. 따라서 적절한 통제는 오히려 나를 단련시키는 작용을 합니다.

상극이 필요한 이치를 잘 설명하는 사례로 '메기 효과Catfish Effect'가 있습니다. 메기 효과는 무리에 막강한 경쟁자가 존재할 경우에 다른 경쟁자들의 잠재력을 함께 끌어올린다는 의미입니다. 메기 효과의 유래는 노르웨이의 어느 어부가 청어 수족관에 메기를 집어넣은 데서 유래합니다.

17~18세기 북유럽 어부들의 주요 수입원은 청어였습니다. 청어는 차가운 해역에서 생활하기 때문에 육지에서 멀리 떨어진 곳에 어장이 형성됩니다. 그런데 청어는 성질이 급한 어종으로 물을 떠나면 바로 죽는 습성을 가지고 있습니다. 따라서 먼 바다에서 수조에 넣어 항구로 가져오는 동안 잡힌 청어의 대부분이 죽고 맙니다. 죽은 청어보다 살아있는 청어의 값이 훨씬 비쌌기 때문에 북유럽 어부들은 청어를 산 채로 운반하는 방법에 관심이 많았습니다.

그런데 노르웨이의 한 어부는 잡은 청어를 거의 죽이지 않고 매번

항구로 실어 날라 큰돈을 벌었다고 합니다. 그 비법은 청어가 든 수조 안에 천적인 메기를 넣어두는 것이었습니다. 메기에게 잡아 먹힐 위협을 느낀 청어는 항구에 도착할 때까지 살아남기 위해 꾸준히 움직였습니다. 이렇듯 천적의 존재가 생존력을 높인다는 의미에서 메기 효과가 유래되었습니다.

상극에는 두 가지가 있습니다. 한 가지는 내가 극을 하는 경우이며, 다른 한 가지는 내가 극을 받는 것입니다. 예를 들어 내가 목木인 경우 내가 극을 하는 목극토木剋土 작용이 있을 수 있고, 내가 극을 당하는 금극목金剋木 작용이 있을 수 있습니다.

이때 내가 극하는 오행은 재물을 말합니다. 사주명리로 보면 남성에게 있어 재물은 곧 이성과도 같습니다. 따라서 남성에게 재물운이 들어온다는 것은 실제로 재물이 들어올 수 있지만, 결혼운이 들어온 것으로도 해석됩니다. 예를 들어 갑목甲木 일간이라면 재물은 토土 기운이 됩니다. 대운에 토土 기운이 들어오면 재물이 들어오기도 하지만, 달리 보면 결혼운도 같이 들어온다고 볼 수 있습니다. 다른 오행도 이와 같이 생각할 수 있습니다.

반대로 내가 극을 당하는 것은 명예 혹은 관운官運을 말합니다. 명예를 얻기 위해서는 열심히 일해야 하는데, 이는 내가 조직 내에서 통제받는 것을 의미합니다. 그리고 남성에게 관운은 명예이기도 하지만, 자식이기도 합니다. 여성에게 관운은 명예이기도 하지만, 이성이 되기도 합니다. 예를 들어 갑목甲木 일간의 경우 금金 기운이 관운이 될 수 있습니다. 남성의 경우에는 대운에 금金 기운이 오면 직장을 얻는 등의 운으로 해석할 수 있고, 여성의 경우에는 직장운도 되지만, 결혼운이 들어온다고 볼 수 있습니다.

그렇다면 상극은 사주 해석에서 어떤 의미를 갖게 되는지 현대적인 해석을 더해 보겠습니다.

- 목극토木剋土: 나무는 땅에 뿌리를 내려야 잘 자랄 수 있는 터전이 마련된다.

- 토극수土剋水: 흙은 물의 제방 역할을 하며, 제방이 튼튼해야 넘쳐흐르지 않는다. 제방이 없는 물은 아무 곳으로나 흘러 삶의 유동성이 커질 수 있다.

- 수극화水剋火: 물은 빛을 반사하며, 물에 반사된 빛은 아름답다. 즉, 호수에 뜬 태양이 아름답게 보이는 것을 연상할 수 있다.

- 화극금火剋金: 광물은 불에 녹여야 불순물이 제거된다. 그러나 금을 칼로 보는 경우에는 화가 강해지면 칼이 물러질 수 있기 때문에 화는 필요치 않을 수 있다.

- 금극목金剋木: 나무는 연장으로 다듬어야 쓰임새가 생기며, 전지를 해야 잘 자랄 수 있다.

상극 구조를 갖는 명조의 예는 다음과 같습니다.

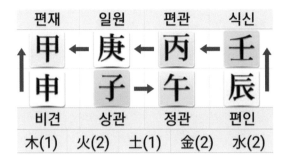

이 사주는 천간이 수극화水剋火, 화극금火剋金, 금극목金剋木의 구조를 가지며, 지지도 토극수土剋水, 금극목金剋木, 수극화水剋火의 구조를 가집니다. 사주에 서로 극하는 오행이 많다는 것은 운기의 유통이 잘 되지 않아 하는 일에 막힘이 많다는 의미로 해석하기도 합니다. 그러나 사주가 상극 구조를 갖는 것만으로 모든 사주 해석이 끝나는 것은 아니며, 명조 사례를 통해 상극 구조가 무엇인지 알아야 합니다.

# 나에게 재물이 되는 오행과 명예가 되는 오행

내가 극하는 오행은 나에게 재물이 됩니다. 또한 나를 극하는 오행은 관성 즉, 직장이나 명예가 됩니다. 이때 나를 의미하는 것은 일간이 어떤 글자인지에 따라 달라집니다.

### 갑목(甲木) 일간

| 편재 | 일원 | 정재 | 상관 |
|---|---|---|---|
| 戊 | 甲 | 己 | 丁 |
| 辰 | 子 | 酉 | 卯 |
| 편재 | 정인 | 정관 | 겁재 |
| 木(2) | 火(1) | 土(3) | 金(1) | 水(1) |

## 기본 성격

갑목甲木 일간은 목木 기운으로 재성은 토土가 되고, 관성은 금金이 됩니다. 이때 갑목甲木은 큰 나무이기 때문에 정원과 같은 기토己土보다는 광활한 땅인 무토戊土가 더 좋은 재물이 됩니다. 관성은 연필 깎는 칼과 같은 신금辛金보다는 도끼와 같은 경금庚金이 와야 제대로 된 명예가 될 수 있습니다.

## 어떤 일을 해야 돈을 벌 수 있는가?

갑목甲木에게는 토土와 관련된 것이 돈이 되는 일입니다. 그러므로 부동산, 토목 사업, 종교, 교육 등과 관련된 일에서 재물을 얻는 것이 좋습니다.

## 무엇을 직업으로 삼아야 하는가?

갑목甲木에게는 금金과 관련된 일이 직업적으로 좋습니다. 그러므로 문과인 경우에는 법조계, 군인, 경찰, 경영, 경제 분야가 좋고, 이과인 경우에는 전기·전자, 의학, 제약, 생명공학, 금속·기계, 자동차, 음향 등과 관련된 일을 하면 좋습니다.

# 을목(乙木) 일간

| 정관 | 일원 | 정인 | 정인 |
|------|------|------|------|
| 庚 | 乙 | 壬 | 壬 |
| 辰 | 未 | 寅 | 寅 |
| 정재 | 편재 | 겁재 | 겁재 |

木(3)　火(0)　土(2)　金(1)　水(2)

## 기본 성격

을목乙木 일간은 재물보다 권력에 대한 욕구가 큰 일간이며, 목木 기운을 가지므로 재성은 토土가 되고, 관성은 금金이 됩니다. 이때 을목乙木에게는 넓은 땅인 무토戊土보다 정원과 같은 기토己土가 더 좋은 재물이 됩니다. 들판과 같은 무토戊土에 심어진 을목乙木은 그 삶이 잡초와 같이 고단해질 수 있기 때문입니다. 그리고 관성의 경우, 경금庚金보다 신금辛金이 있어야 제대로 된 명예가 될 수 있습니다. 작은 손잡이에 큰 칼보다는 수술용 칼의 손잡이가 어울리기 때문입니다.

## 어떤 일을 해야 돈을 벌 수 있는가?

을목乙木에게는 토土와 관련된 것이 돈이 되는 일입니다. 그러므로 부동산, 토목 사업, 종교, 교육 등과 관련된 일에서 재물을 얻는 것이 좋습니다.

## 무엇을 직업으로 삼아야 하는가?

을목乙木에게는 금金과 관련된 일이 직업적으로 좋습니다. 그러므로 문과인 경우에는 법조계, 군인, 경찰, 경영, 경제 분야가 좋고, 이과인 경우에는 전기·전자, 의학, 제약, 생명공학, 금속·기계, 자동차, 음향 등과 관련된 일을 하면 좋습니다.

## 병화(丙火) 일간

| 정관 | 일원 | 정재 | 정인 |
|------|------|------|------|
| 癸 | 丙 | 辛 | 乙 |
| 巳 | 辰 | 巳 | 丑 |
| 비견 | 식신 | 비견 | 상관 |
| 木(1) | 火(3) | 土(2) | 金(1) | 水(1) |

### 기본 성격

병화丙火 일간은 태양과 같은 화火 기운으로 재성은 금金이 되고, 관성은 수水가 됩니다. 병화丙火에게 재물로는 큰 금 덩어리인 경금庚金이 적당한데, 신금辛金은 자칫 재물이 되지 않을 수 있습니다. 명예는 호수와 같이 큰 물인 임수壬水가 좋고, 안개 또는 구름과 같은 계수癸水는 태양을 가리는 역할로 본인을 흐리게 할 수 있어 좋지 않습니다.

### 어떤 일을 해야 돈을 벌 수 있는가?

병화丙火에게는 금金과 관련된 것이 돈이 되는 일입니다. 그러므로 전기·전자, 의학, 제약, 생명공학, 금속·기계, 자동차, 음향 등과 관련된 일이나 법조, 군인, 경찰 등과 관련된 일에서 재물을 얻을 수 있습니다.

## 무엇을 직업으로 삼아야 하는가?

병화丙火에게는 수水와 관련된 일이 직업적으로 좋습니다. 그러므로 해외, 유통, 음식 등과 관련 있는 일을 하면 좋습니다.

## 정화(丁火) 일간

| 편인 | 일원 | 정관 | 편재 |
|------|------|------|------|
| 乙 | 丁 | 壬 | 辛 |
| 巳 | 卯 | 辰 | 巳 |
| 겁재 | 편인 | 상관 | 겁재 |

| 木(2) | 火(3) | 土(1) | 金(1) | 水(1) |
|-------|-------|-------|-------|-------|

## 기본 성격

정화丁火 일간은 달, 별, 가로등과 같은 역할을 합니다. 그러므로 정화丁火의 성향을 가진 사람은 정신적인 일을 하거나, 회사에서 보조자 역할을 하는 경우가 많습니다. 화火 기운이므로 재성은 금金이 되고, 관성은 수水가 됩니다. 정화丁火의 힘으로 큰 쇳덩이인 경금庚金을 제대로 녹이기 어려우므로 작은 칼인 신금辛金이 적당한 재물이 됩니다. 임수壬水가 오는 경우에는 교육이나 해외와 관련된 일을 하면 좋고, 안개와 같은 계수癸水가 와도 나쁘지는 않습니다.

## 어떤 일을 해야 돈을 벌 수 있는가?

정화丁火에게는 금金과 관련된 것이 돈이 되는 일입니다. 그러므로 전기·전자, 의학, 제약, 생명공학, 금속·기계, 자동차, 음향 등과 관련된 일이나 법조, 군인, 경찰 등과 관련된 일에서 재물을 얻을 수 있습니다.

## 무엇을 직업으로 삼아야 하는가?

정화丁火에게는 수水와 관련된 일이 직업적으로 좋습니다. 그러므로 해외, 유통, 음식 등과 관련 있는 일을 하면 좋습니다.

## 무토(戊土) 일간

| 상관 | 일원 | 겁재 | 편관 |
|:---:|:---:|:---:|:---:|
| 辛 | 戊 | 己 | 甲 |
| 酉 | 申 | 巳 | 子 |
| 상관 | 식신 | 편인 | 정재 |

木(1)　火(1)　土(2)　金(3)　水(1)

## 기본 성격

무토戊土 일간은 넓은 땅으로 만물을 길러내는 터전이 됩니다. 토土 기운이므로 재성은 수水가 되고, 관성은 목木이 됩니다. 재물은 시냇물인 계수癸水보다 넓은 대지를 적실 수 있는 큰 물인 임수壬水가 적당합니다. 관성의 경우에는 넓은 땅에 큰 나무를 심는 격인 갑목甲木은 좋지만, 꽃나무를 의미하는 을목乙木은 땅에 구멍을 낼 수 있어 그다지 좋지 않습니다.

## 어떤 일을 해야 돈을 벌 수 있는가?

무토戊土에게는 수水와 관련된 것이 돈이 되는 일입니다. 그러므로 해외, 유통, 음식 등과 관련된 일에서 재물을 얻을 수 있습니다.

## 무엇을 직업으로 삼아야 하는가?

무토戊土에게는 목木과 관련된 일이 직업적으로 좋습니다. 그러므로 교육, 출판, 언론, 건축, 사람을 상대하는 일 등과 관련 있는 일을 하면 좋습니다.

# 기토(己土) 일간

| 편관 | 일원 | 비견 | 식신 |
|------|------|------|------|
| 乙 | 己 | 己 | 辛 |
| 丑 | 巳 | 亥 | 卯 |
| 비견 | 정인 | 정재 | 편관 |

木(2)　火(1)　土(3)　金(1)　水(1)

## 기본 성격

기토己土 일간은 정원과 같은 작은 땅을 의미하며, 가정적인 사람이 많습니다. 토土 기운이므로 재성은 수水가 되고, 관성은 목木이 됩니다. 재물로 자칫 임수壬水처럼 큰 물이 오면 정원인 기토己土가 물에 쓸려 내려갈 수 있습니다. 이는 재물로 인해 자신을 망칠 수 있으므로 경계해야 하며, 임수壬水보다는 계수癸水가 적당합니다.

## 어떤 일을 해야 돈을 벌 수 있는가?

기토己土에게는 수水와 관련된 것이 돈이 되는 일입니다. 그러므로 해외, 유통, 음식 등과 관련된 일에서 재물을 얻을 수 있습니다.

## 무엇을 직업으로 삼아야 하는가?

기토己土에게는 목木과 관련된 일이 직업적으로 좋습니다. 그러므로 교육, 출판, 언론, 건축, 사람을 상대하는 일 등과 관련 있는 일을 하면 좋습니다. 특히 을목乙木이 어울리므로 섬유업도 좋은 직업이 될 수 있습니다.

## 경금(庚金) 일간

| 편관 | 일원 | 편인 | 정재 |
|:---:|:---:|:---:|:---:|
| 丙 | 庚 | 戊 | 乙 |
| 戌 | 戌 | 寅 | 酉 |
| 편인 | 편인 | 편재 | 겁재 |
| 木(2) | 火(1) | 土(3) | 金(2) | 水(0) |

## 기본 성격

경금庚金 일간은 큰 칼을 의미하는 금金 기운으로 재성은 목木이 되고, 관성은 화火가 됩니다. 큰 칼의 경우에는 손잡이가 되는 목木이 재물이 되므로, 이때 큰 칼에 맞는 큰 나무인 갑목甲木이 적당합니다. 그러나 을목乙木은 손잡이가 작을 뿐 아니라 경금庚金의 힘을 줄이는 역할을 합니다. 명예의 경우에는 큰 칼이므로 정화丁火보다는 병화丙火가 더 적당합니다. 그러나 병화丙火는 자칫 뜨거운 태양으로 금金을 녹여버릴 수 있으니 유의해야 합니다.

## 어떤 일을 해야 돈을 벌 수 있는가?

경금庚金에게는 목木과 관련된 것이 돈이 되는 일입니다. 그러므로 교육, 출판, 언론, 건축, 사람을 상대하는 일 등과 관련된 일에서 재물을 얻을 수 있습니다.

## 무엇을 직업으로 삼아야 하는가?

경금庚金에게는 화火와 관련된 일이 직업적으로 좋습니다. 그러므로 방송, 예술, 종교, 정신적인 일, 전기·전자 등과 관련 있는 일을 하면 좋습니다.

## 신금(辛金) 일간

| 편인 | 일원 | 비견 | 겁재 |
|------|------|------|------|
| 己 | 辛 | 辛 | 庚 |
| 丑 | 卯 | 巳 | 午 |
| 편인 | 편재 | 정관 | 편관 |

| 木(1) | 火(2) | 土(2) | 金(3) | 水(0) |
|-------|-------|-------|-------|-------|

## 기본 성격

신금辛金 일간은 과도果刀와 같은 작은 칼입니다. 금金 기운이므로 재성은 목木이 되고, 관성은 화火가 됩니다. 재물이 되는 손잡이로는 작은 칼에 맞는 작은 나무 을목乙木이 적당합니다. 큰 나무인 갑목甲木이 오면 창이 되는 형국이 되므로 내가 돈을 벌기 보다는 남의 돈을 벌어주는 역할을 할 가능성이 큽니다. 명예는 화火로, 병화丙火 보다는 정화丁火가 더 적당한 명예가 됩니다. 병화丙火는 자칫 금金을 녹여버릴 수 있다는 점을 유의해야 합니다.

## 어떤 일을 해야 돈을 벌 수 있는가?

신금辛金에게는 목木과 관련된 것이 돈이 되는 일입니다. 그러므로 교육, 출판, 언론, 건축, 사람을 상대하는 일 등과 관련된 일에서 재물을 얻을 수 있습니다.

## 무엇을 직업으로 삼아야 하는가?

신금辛金에게는 화火와 관련된 일이 직업적으로 좋습니다. 그러므로 방송, 예술, 종교, 정신적인 일, 전기·전자 등과 관련 있는 일을 하면 좋습니다.

# 임수(壬水) 일간

## 기본 성격

　임수壬水 일간은 큰 강, 큰 호수와 같은 수水 기운으로 재성은 화火가 되고, 관성은 토土가 됩니다. 물은 제방으로 막혀 있어야 제대로 된 역할을 하며, 제방이 없거나 낮으면 물이 넘쳐 방랑 생활을 할 가능성이 큽니다. 재물은 태양과 같이 큰 병화丙火가 좋고, 정화丁火가 오면 물의 양이 줄어들게 됩니다. 관성은 큰 땅인 무토戊土가 있어야 제대로 된 역할을 하며, 모래흙과 같은 기토己土는 호수의 물을 더럽혀 탁수를 만들 수 있습니다. 이때는 명예가 오히려 나를 괴롭히는 역할을 할 수 있습니다.

## 어떤 일을 해야 돈을 벌 수 있는가?

　임수壬水에게는 화火와 관련된 것이 돈이 되는 일입니다. 방송, 예술, 종교, 정신적인 일, 전기·전자 등과 관련된 일에서 재물을 얻을 수 있습니다.

## 무엇을 직업으로 삼아야 하는가?

임수壬水에게는 토土와 관련된 일이 직업적으로 좋습니다. 그러므로 부동산, 토목 사업, 종교, 교육 등과 관련된 일을 직업으로 삼으면 좋습니다.

## 계수(癸水) 일간

| 편재 | 일원 | 정재 | 정인 |
|------|------|------|------|
| 丁 | 癸 | 丙 | 庚 |
| 巳 | 巳 | 戌 | 子 |
| 정재 | 정재 | 정관 | 비견 |

| 木(0) | 火(4) | 土(1) | 金(1) | 水(2) |
|-------|-------|-------|-------|-------|

## 기본 성격

계수癸水 일간은 시냇물과 같은 맑은 물입니다. 머리가 좋은 사람에 해당하며, 하고 싶은 말을 속에 담아두지 못하는 성격을 가진 사람이 되기도 합니다. 계수癸水는 수水 기운으로 재성은 화火가 되고, 관성은 토土가 됩니다. 병화丙火나 정화丁火 모두 계수癸水에게 적당한 재물이 됩니다. 관성은 무토戊土와 기토己土가 가능합니다. 그러나 관성이 있는 경우에 목木 기운이 같이 있지 않으면 맑은 시냇물이 흙탕물처럼 탁해질 가능성이 있습니다.

## 어떤 일을 해야 돈을 벌 수 있는가?

계수癸水에게는 화火와 관련된 것이 돈이 되는 일입니다. 방송, 예술, 종교, 정신적인 일, 전기·전자 등과 관련된 일에서 재물을 얻을 수 있습니다.

## 무엇을 직업으로 삼아야 하는가?

계수癸水에게는 토土와 관련된 일이 직업적으로 좋습니다. 그러므로 부동산, 토목 사업, 종교, 교육 등과 관련된 일을 직업으로 삼으면 좋습니다.

# 병정(丙丁) 갈등이 있는 사주는?

사주 구성을 보면 천간에 병화丙火와 정화丁火가 같이 있는 경우가 있습니다. 병화丙火는 태양과 같은 존재로 현실 세계를 의미하고, 정화丁火는 달과 같은 존재로 이상 세계를 의미합니다. 태양은 낮에, 달은 밤에 뜨는데 이 둘이 동시에 뜨면 낮과 밤이 혼동되는 것과 같이 이상과 현실 세계에 대한 갈등이 발생합니다. 이는 심적 갈등의 원인이 될 수 있으며, 사춘기 아이들의 경우 그 증상이 다른 아이들보다 더 심해질 수 있습니다.

| 겁재 | 일원 | 식신 | 정인 |
|------|------|------|------|
| 丁 | 丙 | 戊 | 乙 |
| 酉 | 辰 | 寅 | 未 |
| 정재 | 식신 | 편인 | 상관 |

| 木(2) | 火(2) | 土(3) | 金(1) | 水(0) |
|-------|-------|-------|-------|-------|

| 庚 辛 | | 乙癸戊 | | 戊丙甲 | | 丁乙己 | |
|----|----|----|----|----|----|----|----|
| 87 | 77 | 67 | 57 | 47 | 37 | 27 | 17 | 6.6 |
| 己 | 庚 | 辛 | 壬 | 癸 | 甲 | 乙 | 丙 | 丁 |
| 巳 | 午 | 未 | 申 | 酉 | 戌 | 亥 | 子 | 丑 |

대표적으로 병정丙丁 갈등이 있는 사주입니다. 이러한 사주는 아름드리나무인 갑목甲木이 있다면 나무가 태양이나 달을 가려 병정丙丁 갈등을 어느 정도 완화할 수 있지만, 그렇지 않은 경우에는 다음과

같이 행동해야 합니다.

첫째, 지금 있는 곳에서 지구 반대편으로 가야 합니다. 즉, 먼 해외로 나가면 시차로 인해 낮과 밤이 바뀌게 됩니다. 이 경우에는 병화丙火와 정화丁火 중 하나가 힘을 잃어 병정丙丁 갈등을 해소할 수 있습니다.

둘째, 큰 나무인 갑목甲木을 길러야 합니다. 목木을 기르는 것은 오래 공부하여 대학원까지 진학하거나, 목木의 특성인 인仁을 실천하기 위해 봉사활동을 하는 것입니다.

셋째, 여건이 마땅치 않을 경우 시골로 내려가 전원 생활을 하면 좋습니다. 전원에는 나무가 많으니 이러한 작용을 이용할 수 있습니다.

# 제6장

# 천간합과 지지합은
# 오행의 성격을
# 바꾼다.

※ 사주명리로 부자되기, 주식 투자 치트키 ※

# 사주로 풀어 보는 대우그룹의 신화, 김우중 회장

**김우중**
Kim Woo-Choong
대우그룹 초대 회장

김우중 회장은 한때 대우그룹을 국내 최고의 그룹으로 만들기 위해 많은 애를 썼던 분입니다. 종합상사, 건설, 금융, 자동차, 기계, 조선 등 굵직한 계열사를 거느렸고, 그가 쓴 저서 『세상은 넓고, 할 일은 많다』로 알 수 있듯이 전 세계를 돌아다니면서 대우그룹의 글로벌화를 시도했던 사람입니다. IMF 외환위기의 파고를 넘지 못하고 대우그룹이 좌초되면서 우리 경제에 미친 그의 영향에 관해 긍정 평가와 부정 평가가 엇갈리지만, 산업화 시대에 우리 경제를 이끌었던 거인巨人이었음은 부인할 수 없습니다. 김우중 회장의 사주 풀이를 통해 그의 삶을 들여다보도록 하겠습니다.

# 김우중 회장은 어떤 사람인가?

| 정재 | 일원 | 상관 | 편인 |
|---|---|---|---|
| 癸 | 戊 | 辛 | 丙 |
| 亥 | 午 | 丑 | 子 |
| 편재 | 정인 | 겁재 | 정재 |

| 木(0) | 火(2) | 土(2) | 金(1) | 水(3) |
|---|---|---|---|---|
| 戊甲壬 | 丙己丁 | 癸辛己 | 壬癸 | |

| 81 | 71 | 61 | 51 | 41 | 31 | 21 | 11 | 1.3 |
|---|---|---|---|---|---|---|---|---|
| 庚 | 己 | 戊 | 丁 | 丙 | 乙 | 甲 | 癸 | 壬 |
| 戌 | 酉 | 申 | 未 | 午 | 巳 | 辰 | 卯 | 寅 |

김우중의 사주

　김우중 회장의 일간은 광활한 땅과 같은 사람으로, 너른 땅은 많은 인재를 길러낼 수 있는 터전이 됩니다. 그 땅에는 아름드리나무인 갑목甲木이 심어져야 하고, 나무를 길러내기 위해 많은 물이 필요합니다. 넓은 땅인 무토戊土에게 관성은 목木이고, 재성은 수水가 됩니다.

　김우중 회장은 관성이 없는 무관無官 사주입니다. 무관사주는 질서와 순서를 잘 지키지 않는 자유로운 영혼의 소유자로, 직장 생활보다는 창업을 하는 경우가 많습니다. 무토戊土 일간은 최고경영자 내지는 창업자에게 많이 나타나는 일간인데, 이는 인재를 많이 길러내는 특성을 가지고 있기 때문입니다.

## 오행 분석

이 사주는 관성인 목木이 없고, 재성인 수水가 강해 재물에 대한 욕구가 강한 사주입니다. 특히 천간에 병신합丙辛合이 있어 재물인 수水를 만들 수 있으며, 지지는 해자축亥子丑 방합으로 수水가 강해지는 형국이니 일지의 오화午火만 제외하면 모두 재물로 볼 수 있습니다. 즉, 재물이 사방에 널려 있는 사주입니다.

## 사주 해석

이 사주는 무토戊土 일간에 무관사주입니다. 무관사주는 질서와 순서를 잘 지키지 않은 성향으로 자유분방한 사고를 하는 사람이 많습니다. 그리고 재물이 지천에 널려 있는 사주로, 사업을 통해 재물을 모을 수 있는 사주입니다. 단, 지지에 있는 해자축亥子丑은 자칫 탁수가 되어 그릇된 행동을 하거나 송사訟事에 휘말려 어려움을 당할 가능성이 큽니다. 일반적으로 탁수는 지지의 신자진申子辰과 해자축亥子丑이 겹칠 때 나타날 수 있습니다. 그리고 일간 무토戊土가 계수癸水와 합해져 일간이 묶인 상태로 목木이 없는 경우에도 시간이 지나면 탁수가 될 수 있습니다.

## 대운 분석

무계합戊癸合으로 일간이 묶여 있는 경우에는 합이 풀릴 때 능력을 발휘할 수 있습니다. 합이 풀리는 조건은 같은 글자가 올 때입니다. 김우중 회장은 11세 계묘癸卯 대운에 계수癸水가 와서 합이 풀어지면서 경기고등학교와 연세대학교에 입학했습니다. 그리고 21세 갑진甲辰 대운에 직장에 입사하고, 대우그룹을 창업하여 유통과 무역을 중심으로 사업을 했습니다. 이후 사주원국에 나타난 대로 재물을 꾸준히 모으다가 61세 무신戊申 대운에는 지지의 신자진申子辰, 해자축亥子丑으로 인해 탁수가 되어 어려움을 겪게 됩니다. 1997년 정축丁丑년에 IMF 외환위기를 겪고, 5년 8개월간 해외 도피 생활을 한 후 2005년 귀국하여 검찰 조사를 받았습니다. 이후 베트남 등지에서 그룹 재건을 위해 일했지만, 83세가 되던 2019년 기해己亥년에 사주가 탁해지면서 노환으로 사망합니다.

김우중 회장의 사주를 통해 천간과 지지가 언제 어느 때 탁해지는지를 이해하는 것이 중요합니다. 사주가 탁해지면 돈을 벌거나 명예가 높아져도 그것이 나에게 좋은 영향을 미치기보다는 나쁜 영향을 미치는 경우가 많기 때문입니다.

# 천간의 성격을 바꾸는 천간합

사주명리는 드러난 글자도 중요하지만, 각 글자가 서로 합하거나 풀리는 등의 변화를 읽어낼 수 있어야 제대로 된 사주 해석이 가능합니다. 글자의 합은 천간의 글자 간에 이루어지는 천간합天干合과 지지의 글자 간에 이루어지는 지지합地支合이 있습니다. 이 원리를 숙지하면 고전 명리에서 이야기하는 수없이 많은 원칙은 무시하고 사주를 해석하는 것이 가능합니다.

천간은 사주원국의 윗줄에 오는 글자로 십천간十天干이 있습니다. 갑甲, 을乙, 병丙, 정丁, 무戊, 기己, 경庚, 신辛, 임壬, 계癸입니다. 이들은 다음과 같이 구분해 볼 수 있습니다.

열 개의 천간을 순서에 따라 각각 5개씩 단계를 나눌 수 있습니다. 갑甲, 을乙, 병丙, 정丁, 무戊는 성장하는 단계로 보고, 기己, 경庚, 신辛, 임壬, 계癸는 성숙하는 단계로 봅니다. 이것을 표로 정리하면 다음과 같습니다.

| 성장 단계 | 갑(甲) | 을(乙) | 병(丙) | 정(丁) | 무(戊) |
|---|---|---|---|---|---|
| 성숙 단계 | 기(己) | 경(庚) | 신(辛) | 임(壬) | 계(癸) |
| 천간합 | 갑기합<br>토(土) | 을경합<br>금(金) | 병신합<br>수(水) | 정임합<br>목(木) | 무계합<br>화(火) |

성장 단계의 글자와 성숙 단계의 글자가 짝을 이뤄 천간합이 이루게 됩니다. 천간합은 다음과 같습니다.

| | |
|---|---|
| 갑기합(甲己合)<br>토(土) | 갑목(甲)과 기토(己)가 합하면 토(土)의 성질로 변합니다.<br>그리고 갑목(甲)은 을목(乙)과 같은 성향이 됩니다. |
| 을경합(乙庚合)<br>금(金) | 을목(乙)과 경금(庚)이 합하면 금(金)의 성질로 변합니다.<br>그리고 경금(庚)은 신금(辛)의 성향이 됩니다. |
| 병신합(丙辛合)<br>수(水) | 병화(丙)와 신금(辛)이 합하면 수(水)의 성질로 변합니다.<br>그리고 병화(丙)는 정화(丁)의 성향이 됩니다. |
| 정임합(丁壬合)<br>목(木) | 정화(丁)와 임수(壬)가 합하면 목(木)의 성질로 변합니다.<br>그리고 임수(壬)는 계수(癸)의 성향이 됩니다. |
| 무계합(戊癸合)<br>화(火) | 무토(戊)와 계수(癸)가 합하면 화(火)의 성질로 변합니다.<br>그리고 무토(戊)는 기토(己)의 성향이 됩니다. |

천간합은 사주를 해석하는 데 매우 중요한 역할을 하므로 잘 이해해야 오행의 작용을 더 면밀하게 알아볼 수 있습니다. 그렇다면 천간합이 어떤 의미를 갖는지 알아보겠습니다.

천간합은 합合으로 인해 글자의 성질이 바뀌는 것입니다. 나에게 물水이 필요한 경우를 생각해 봅시다. 만약 사주에 계수癸水가 있으나 무토戊土가 온다면 무계합戊癸合이 되어 화火 기운으로 변합니다. 그러면 계수癸水는 더 이상 나에게 좋은 작용을 하지 못합니다. 반대로 원래 화火가 없는 사주지만 화火 기운이 필요할 때, 무계합戊癸合으로 화火 기운이 생겨나면 나에게 이익이 됩니다. 또, 내 사주에 수水가 필요하지만 수水 기운이 없는 경우도 있을 수 있습니다. 이 경우에는 병화丙火와 신금辛金이 동시에 있으면 병신합丙辛合으로 수水가 만들어질 수 있습니다. 다른 천간합도 이렇게 해석하면 됩니다.

그리고 천간 중 갑甲, 병丙, 무戊, 경庚, 임壬은 양의 성질을 갖는 글자로 양간陽干이라고 하는데, 천간합을 이루면 이들의 성격이 음의 글자로 바뀌게 됩니다. 즉, 을乙, 정丁, 기己, 신辛, 계癸인 음간陰干으로 성격 변화가 일어난다는 것도 같이 알아 두면 유용합니다.

그러나 천간에 합하는 글자가 있다고 해서 무조건 합이 되는 것은 아닙니다.

첫째, 일간과의 합은 이루어지지 않는 것으로 봅니다. 예를 들어 일간이 갑목甲木인데 기토己土가 와서 일간이 토土 기운으로 바뀐다면, 나무였으나 흙으로 변하게 되는 꼴이 됩니다. 이때는 합이 되었다고 보지 않고, 내 힘이 약해졌다고 볼 수 있습니다. 내가 상대방에게 묶여서 힘을 쓰지 못한다는 의미입니다.

둘째, 1 : 1 또는 2 : 2, 그리고 3 : 1의 합은 가능하지만, 2 : 1의 합은 이루어지지 않습니다. 예를 들어 두 개의 갑목甲木과 하나의 기토己土는 합하지 못합니다. 그러나 갑목甲木이 하나 더 와서 3 : 1이 되거나 기토己土가 하나 더 와서 2 : 2가 되면 합이 됩니다.

천간합을 이해하는 것은 내 사주를 구성하는 글자가 천변만화千變萬化* 하는 원리를 이해하는 첫 걸음이 됩니다.

---

\* 변화에 끝이 없음을 일컫는 말

## 내게 필요한 글자를 만드는
## 천간합과 끌어옴의 법칙

천간합을 이해하면 내 사주에는 없지만, 내게 필요한 글자를 끌어다 쓸 수 있는 원리도 알게 됩니다.

### 갑기합(甲己合)

| 비견 | 일원 | 비견 | 정관 |
|:---:|:---:|:---:|:---:|
| 甲 | 甲 | 甲 | 辛 |
| 子 | 申 | 午 | 亥 |
| 정인 | 편관 | 상관 | 편인 |

| 木(3) | 火(1) | 土(0) | 金(2) | 水(2) |
|:---:|:---:|:---:|:---:|:---:|

갑기합甲己合을 이용하면 갑목甲木은 기토己土를 끌어올 수 있고, 반대로 기토己土는 갑목甲木을 끌어올 수 있습니다.

이 사주는 갑목甲木 일간에 재물이 되는 토土가 없는 사주입니다.

그런데 갑목甲木이 셋이나 있으니 재물이 되는 기토己土를 끌어올 수 있습니다. 그래서 겉으로는 무재사주이지만, 사주 안을 들여다보면 기토己土라는 재물이 있습니다.

## 을경합(乙庚合)

| 정재 | 일원 | 상관 | 겁재 |
|------|------|------|------|
| 丁 | 壬 | 乙 | 癸 |
| 未 | 午 | 丑 | 未 |
| 정관 | 정재 | 정관 | 정관 |

木(1)　火(2)　土(3)　金(0)　水(2)

을경합乙庚合을 이용하면 을목乙木은 경금庚金을 끌어올 수 있고, 반대로 경금庚金은 을목乙木을 끌어올 수 있습니다.

이 사주는 금金이 없는 사주입니다. 이는 결단력이 없다는 것을 의미합니다. 그러나 천간합의 을경합乙庚合을 이용하면 을목乙木이 경금庚金을 끌어와서 단호한 의사결정을 할 수 있게 됩니다.

## 병신합(丙辛合)

| 정인 | 일원 | 정인 | 정인 |
|------|------|------|------|
| 辛 | 壬 | 辛 | 辛 |
| 亥 | 戌 | 丑 | 巳 |
| 비견 | 편관 | 정관 | 편재 |

木(0)　火(1)　土(2)　金(3)　水(2)

　병신합丙辛合을 이용하면 병화丙火가 신금辛金을 끌어올 수 있고, 반대로 신금辛金은 병화丙火를 끌어올 수 있습니다.

　이 사주는 천간에 재물이 되는 병화丙火가 없는 사주입니다. 그러나 세 개의 신금辛金이 병화丙火를 강하게 끌어와 재물을 만들 수 있습니다.

## 정임합(丁壬合)

| 편인 | 일원 | 겁재 | 겁재 |
|------|------|------|------|
| 辛 | 癸 | 壬 | 壬 |
| 酉 | 未 | 寅 | 辰 |
| 편인 | 편관 | 상관 | 정관 |

木(1)　火(0)　土(2)　金(2)　水(3)

　정임합丁壬合을 이용하면 정화丁火가 임수壬水를 끌어올 수 있고 반대로 임수壬水는 정화丁火를 끌어올 수 있습니다.

이 사주는 계수癸水 일간에 재물이 없는 무재사주입니다. 재물을 만들기 위해 두 개의 임수壬水를 이용하여 재물인 정화丁火를 끌어올 수 있습니다. 천간합은 2 : 1 합이 되지 않지만, 필요한 글자를 끌어올 때는 합이 될 수 있는데, 이는 천간의 성격이 바뀌지 않아 가능한 일입니다. 그래서 이 사주는 보이지 않는 재물이 있는 사주라 할 수 있습니다.

## 무계합(戊癸合)

| 겁재 | 일원 | 식신 | 정인 |
|:---:|:---:|:---:|:---:|
| 丁 | 丙 | 戊 | 乙 |
| 酉 | 辰 | 寅 | 未 |
| 정재 | 식신 | 편인 | 상관 |
| 木(2) | 火(2) | 土(3) | 金(1) | 水(0) |

무계합戊癸合을 이용하면 무토戊土가 계수癸水를 끌어올 수 있고, 반대로 계수癸水는 무토戊土를 끌어올 수 있습니다.

이 사주는 병화丙火의 관성인 수水 기운이 없는 사주입니다. 이때 무토戊土가 계수癸水를 끌어와서 관성을 만들 수 있습니다. 겉으로는 무관사주가 틀림없어도 숨어 있는 관성을 확인하는 것이 중요합니다.

주식 투자자에게 중요한 것은 재물이 되는 재성입니다. 천간에 재성이 보이지 않는다고 낙담할 필요가 없습니다. 재성이 없다면 재성을 만들 수 있는 글자가 무엇인지 확인하여 그 글자를 이용하면 재물을 만들 수 있습니다. 글자를 이용한다는 것은 그 글자가 의미하는 행위를 하는 것입니다. 예를 들어 갑목甲木으로 기토己土를 끌어오는 경우, 갑목甲木이 의미하는 교육이나 건축 등과 관련된 행위를 하는 것입니다.

# 지지의 성격을 바꾸는 지지삼합

천간합과 같이 지지도 서로 다른 글자끼리 합해서 그 성격이 변하는 경우가 있습니다. 지지의 합을 이해하기 위해서는 지지가 음력 달을 의미하기도 하지만 계절과 방향을 의미한다는 것을 알면 좋습니다. 그 내용을 정리하면 다음과 같습니다.

| 인 (寅) | 묘 (卯) | 진 (辰) | 사 (巳) | 오 (午) | 미 (未) | 신 (申) | 유 (酉) | 술 (戌) | 해 (亥) | 자 (子) | 축 (丑) |
|---|---|---|---|---|---|---|---|---|---|---|---|
| 생지 (生地) | 왕지 (旺地) | 고지 (庫地) | 생지 (生地) | 왕지 (旺地) | 고지 (庫地) | 생지 (生地) | 왕지 (旺地) | 고지 (庫地) | 생지 (生地) | 왕지 (旺地) | 고지 (庫地) |
| 1월 | 2월 | 3월 | 4월 | 5월 | 6월 | 7월 | 8월 | 9월 | 10월 | 11월 | 12월 |
| 봄 기운, 동쪽 | | | 여름 기운, 남쪽 | | | 가을 기운, 서쪽 | | | 겨울 기운, 북쪽 | | |

지지에서 각 계절의 첫 글자는 계절이 생겨난다고 하여 생지生地라고 합니다. 가운데 글자는 그 계절의 한가운데이므로 기운이 왕성하다고 하여 왕지旺地라고 합니다. 마지막 글자는 환절기를 의미하며,

오행으로는 토土 기운입니다. 그래서 각 계절을 땅에 담는다는 의미로 창고를 뜻하는 고지庫地라고 합니다.

### • 생지(生地)

기운이 처음으로 만들어지는 때를 말합니다. 봄의 시작은 인목寅木, 여름의 시작은 사화巳火, 가을의 시작은 신금申金, 겨울의 시작은 해수亥水로 각각 입춘, 입하, 입추, 입동이 들어 있는 달이 됩니다.

### • 왕지(旺地)

기운이 제일 왕성한 때를 말합니다. 봄의 한가운데는 묘목卯木, 여름의 한가운데는 오화午火, 가을의 한가운데는 유금酉金, 겨울의 한가운데는 자수子水로 각각 춘분, 하지, 추분, 동지가 들어 있는 달이 됩니다.

### • 고지(庫地)

환절기를 의미합니다.

지지의 합 중 가장 중요한 것은 지지의 삼합三合입니다. 삼합은 서로 다른 성질을 가진 세 글자가 모여 세력을 형성하는 결성 조직으로 이해할 수 있습니다. 지지의 삼합은 다음과 같습니다.

| 생지 | 왕지 | 고지 | 성질 |
|------|------|------|------|
| 신(申) | 자(子) | 진(辰) | 수(水) |
| 해(亥) | 묘(卯) | 미(未) | 목(木) |
| 인(寅) | 오(午) | 술(戌) | 화(火) |
| 사(巳) | 유(酉) | 축(丑) | 금(金) |

지지삼합은 기본적으로 왕지인 자子, 오午, 묘卯, 유酉를 중심으로 결성됩니다. 왕지를 포함해서 두 글자만 있어도 삼합이 이루어진 것으로 보며, 나머지 글자는 자연스럽게 따라오는 것으로 이해할 수 있습니다.

## 신자진(申子辰)

수水의 성질을 가지며 방위로는 북쪽, 계절은 겨울을 말합니다. 신자진申子辰이 되면 신금申金과 진토辰土가 수水의 성질을 가지고, 사주에 수水 기운이 강해집니다.

이 사주는 지지에 신자진申子辰이 이루어져 수水 기운이 강하게 흐릅니다. 게다가 일간이 임수壬水이므로 임수壬水의 힘이 더 강해지는 작용을 합니다. 일간의 힘이 강하다는 것은 어지간한 외풍에도 본인이 흔들리지 않는다는 것을 의미합니다.

## 해묘미(亥卯未)

목木의 성질을 가지며 방위로는 동쪽, 계절은 봄을 말합니다. 해묘미亥卯未가 되면 해수亥水와 미토未土는 목木의 성질을 가지고, 사주에 목木 기운이 강해집니다.

이 사주는 지지에 해묘미亥卯未가 있습니다. 일간은 신금辛金으로, 목木 기운이 재물이 됩니다. 지지의 재물이 천간 을목乙木으로 이어질 경우에는 풍성한 재물을 지닌 사주로 볼 수 있습니다.

## 인오술(寅午戌)

화火의 성질을 가지며 방위로는 남쪽, 계절은 여름을 말합니다. 인오술寅午戌이 되면 인목寅木과 술토戌土는 화火의 성질을 가지고, 사주에 화火 기운이 강해집니다.

| 식신 | 일원 | 비견 | 편관 |
|---|---|---|---|
| 丙 | 甲 | 甲 | 庚 |
| 寅 | 午 | 申 | 午 |
| 비견 | 상관 | 편관 | 상관 |

| 木(3) | 火(3) | 土(0) | 金(2) | 水(0) |
|---|---|---|---|---|

이 사주는 지지에 인오술寅午戌이 있어 매우 뜨거운 사주라는 것을 알 수 있습니다. 지지의 인오술寅午戌이 천간의 병화丙火로 이어지면 갑목甲木에 꽃을 피우기 쉽습니다. 갑목甲木에 꽃이 핀다는 것은 어떤 일을 했을 때 결실을 쉽게 맺을 수 있다는 것을 의미합니다.

## 사유축(巳酉丑)

금金의 성질을 가지며 방위로는 서쪽, 계절은 가을을 말합니다. 사유축巳酉丑이 되면 사화巳火와 축토丑土는 금金의 성질을 가지고, 사주에 금金 기운이 강해집니다.

| 정관 | 일원 | 편인 | 식신 |
|---|---|---|---|
| 庚 | 乙 | 癸 | 丁 |
| 辰 | 酉 | 丑 | 巳 |
| 정재 | 편관 | 편재 | 상관 |

| 木(1) | 火(2) | 土(2) | 金(2) | 水(1) |
|---|---|---|---|---|

이 사주는 지지에 사유축巳酉丑이 있어 금金 기운이 매우 강한 사주입니다. 일간이 을목乙木이기 때문에 천간 경금庚金으로 이어지는 관성이 매우 강하여 명예를 드높이며 살 수 있는 사주입니다.

앞선 사례들과 같이 지지삼합은 다양하게 응용될 수 있습니다. 원래는 세 글자가 모두 있어야 삼합이 되지만, 왕지인 가운데 글자를 중심으로 두 글자만 있어도 합이 된 것으로 보며, 이를 반합半合이라고 합니다. 그러나 가운데 글자를 뺀 두 글자만 있어도 약하게 반합하는 것으로 보기도 합니다.

또한, 삼합을 이용하여 내게 필요한 글자를 끌어올 수 있으며, 지지에 삼합이 이루어졌을 경우, 천간에서 그에 맞는 글자를 끌어올 수 있는 기재가 있으면 충분히 끌어다 쓸 수 있습니다.

## 지지와 방향을 살피는 지지방합

지지의 방합方合을 이해하기 위해서는 지지가 가리키는 방위를 알아야 합니다. 방합은 같은 방향을 가리키는 글자끼리 모여 있는 것을 말합니다. 즉, 같은 세력이 뭉쳐 있는 것입니다.

### 인묘진(寅卯辰)

봄 기운, 목木 기운, 동쪽을 말합니다.

| 겁재 | 일원 | 편재 | 상관 |
|------|------|------|------|
| 辛 | 庚 | 甲 | 癸 |
| 巳 | 辰 | 寅 | 卯 |
| 편관 | 편인 | 편재 | 정재 |
| 木(3) | 火(1) 土(1) | 金(2) | 水(1) |

이 사주는 지지가 인묘진寅卯辰으로 목木 기운이 강합니다. 일간이 경금庚金이므로 목木 기운은 재물이 되는데, 천간 갑목甲木으로 이어

지면 엄청난 재물을 가질 수 있는 사주가 됩니다.

## 사오미(巳午未)

여름 기운, 화火 기운, 남쪽을 말합니다.

| 정재 | 일원 | 식신 | 편인 |
|------|------|------|------|
| 丁 | 壬 | 甲 | 庚 |
| 未 | 子 | 申 | 午 |
| 정관 | 겁재 | 편인 | 정재 |

木(1)　火(2)　土(1)　金(2)　水(2)

이 사주의 경우에는 사화巳火는 없지만 오화午火와 미토未土가 결합하여 사오미巳午未를 이룬 것으로 볼 수 있습니다. 일간 임수壬水의 재물은 화火 기운인데, 화火 기운이 왕성하며 천간 정화丁火로 이어지면 일평생 재물이 넉넉한 삶을 사는 사주입니다.

## 신유술(申酉戌)

가을 기운, 금金 기운, 서쪽을 말합니다.

| 상관 | 일원 | 겁재 | 편관 |
|------|------|------|------|
| 辛 | 戊 | 己 | 甲 |
| 酉 | 申 | 巳 | 子 |
| 상관 | 식신 | 편인 | 정재 |

木(1)　火(1)　土(2)　金(3)　水(1)

이 사주는 지지에 신유술申酉戌이 이루어져 있습니다. 천간 신금辛金으로 이어지고, 지지삼합인 사유축巳酉丑의 개연성도 있어 금金 기운이 매우 강한 사주입니다. 이런 경우에는 재성이나 관성이 아니어도 금金과 관련된 일을 하는 사주입니다.

## 해자축(亥子丑)

겨울 기운, 수水 기운, 북쪽을 말합니다.

| 상관 | 일원 | 식신 | 정관 |
|------|------|------|------|
| 丙 | 乙 | 丁 | 庚 |
| 戌 | 丑 | 亥 | 子 |
| 정재 | 편재 | 정인 | 편인 |

木(1)　火(2)　土(2)　金(1)　水(2)

이 사주는 지지에 해자축亥子丑이 있어 수水 기운이 왕성합니다. 이때 필요하다면 정화丁火에서 임수壬水를 쉽게 끌어올 수 있습니다. 즉, 임수壬水가 필요할 때 을목乙木의 관성인 경금庚金으로 하여금 능력을 발휘하게 하여 물을 가져올 수 있다는 의미입니다.

이렇듯 방합을 이루는 글자가 모여 있으면 그 기운이 강해지는 것으로 이해하면 됩니다.

# 지지육합

지지에는 삼합과 방합 이외에 육합六合이 있습니다. 육합은 그 작용이 크지 않지만, 그래도 놓칠 수 없는 작용이 있습니다. 육합이 이루어지는 원리는 다음 그림과 같습니다.

육합은 다음과 같은 작용을 합니다.

- 자(子) + 축(丑) = 토(土)
- 인(寅) + 해(亥) = 목(木) ⇒ 사용 가능
- 묘(卯) + 술(戌) = 화(火)
- 진(辰) + 유(酉) = 금(金) ⇒ 사용 가능
- 사(巳) + 신(申) = 수(水)
- 오(午) + 미(未) = 화(火)

육합은 작용력이 크지 않지만, 인寅과 해亥의 합, 진辰과 유酉의 합은 각각 목木과 금金으로서 작용력이 생깁니다.

## 인(寅) + 해(亥) = 목(木)

| 식신 | 일원 | 정관 | 편인 |
|---|---|---|---|
| 丙 | 甲 | 辛 | 壬 |
| 寅 | 午 | 亥 | 戌 |
| 비견 | 상관 | 편인 | 편재 |
| 木(2) | 火(2) | 土(1) | 金(1) | 水(2) |

이 사주는 지지에 인해합寅亥合이 있어 목木 기운이 강하며, 인오술寅午戌의 화火 기운도 강한 사주입니다. 이는 일간의 힘을 강하게 해주는 역할을 하게 되므로 어지간한 어려움 정도는 능히 견뎌낼 수 있는 힘을 갖는 사주가 됩니다.

## 진(辰) + 유(酉) = 금(金)

| 편재 | 일원 | 정재 | 상관 |
|---|---|---|---|
| 戊 | 甲 | 己 | 丁 |
| 辰 | 子 | 酉 | 卯 |
| 편재 | 정인 | 정관 | 겁재 |
| 木(2) | 火(1) | 土(3) | 金(1) | 水(1) |

이 사주는 지지에 진유합辰酉合이 있어 금金 기운이 강합니다. 갑목甲木 일간에 금金 기운은 관성에 해당하므로 직장운 또는 명예운이 좋다고 볼 수 있습니다. 만약 이때 필요한 오행이 없는 경우에는 육합

을 이용하여 없는 글자를 끌어올 수 있습니다.

그리고 지지합은 서로 얽히고 설키는 경우가 많습니다. 삼합, 방합, 육합이 서로 얽혀 있는 경우에는 삼합을 우선해서 보고, 그다음은 방합, 육합 순으로 사주를 분석하면 됩니다.

# 을을(乙乙) 사주의 특징

사주 구성에서 을목乙木이 두 개가 있는 사주를 을을乙乙 사주라고 합니다. 을목乙木은 정원의 꽃을 의미합니다. 그런데 이들 꽃나무는 뿌리가 뻗어 나가면서 영역을 넓게 되는데, 꽃나무가 두 개일 경우에는 뿌리끼리 얽혀서 하는 일마다 제대로 진행되지 않는 경우가 발생합니다.

주식 투자를 하는 사람 입장에서도 이러한 사주 구성은 매매할 때 쉽게 수익을 거두지 못할 가능성이 큽니다.

| 비견 | 일원 | 겁재 | 편인 |
|------|------|------|------|
| 乙 | 乙 | 甲 | 癸 |
| 酉 | 酉 | 子 | 卯 |
| 편관 | 편관 | 편인 | 비견 |

| 木(4) | 火(0) | 土(0) | 金(2) | 水(2) |
|-------|-------|-------|-------|-------|

| 庚辛 | 庚辛 | 壬癸 | 甲乙 |
|------|------|------|------|

| 80 | 70 | 60 | 50 | 40 | 30 | 20 | 10 | 0.0 |
|----|----|----|----|----|----|----|----|-----|
| 乙 | 丙 | 丁 | 戊 | 己 | 庚 | 辛 | 壬 | 癸 |
| 卯 | 辰 | 巳 | 午 | 未 | 申 | 酉 | 戌 | 亥 |

이 사주는 일간과 시간에 을목乙木이 둘이나 있는 을을乙乙 사주로, 하는 일마다 쉽게 풀리지 않는 난관에 부딪히게 되는 사주 구조입니다. 이 경우에는 때를 기다리는 것이 무엇보다 중요합니다.

첫째, 을목乙木을 합하여 없앨 수 있는 경금庚金 운이 오는 때를 기다려서 일을 도모하면 얽히는 일 없이 풀어 나갈 수 있습니다.

둘째, 을목乙木이 하나 더 와서 셋이 되는 을을을乙乙乙을 만들면 세 개의 을목乙木이 경금庚金과 합하여 뿌리가 얽히는 것을 막을 수 있습니다.

결론적으로 이런 사주는 경금庚金 운이 오거나 을목乙木 운이 올 때를 기다려서 행동해야 합니다. 주식 투자자의 경우에도 매일 주식을 할 필요는 없습니다. 길게는 경금庚金 또는 을목乙木 대운이 왔을 때, 짧게는 세운에서 경금庚金이나 을목乙木이 들어가는 해에 투자하면 나쁜 운을 피할 수 있게 됩니다.

제7장

# 돈이냐, 명예냐
# 그것이 문제로다

 ※ 사주명리로 부자되기, 주식 투자 치트키 ※

# 사주로 풀어 보는
# SK그룹의 최태원 회장

**최태원**
Chey Tae-Won
SK그룹 회장

SK그룹은 SK텔레콤, SK하이닉스, SK이노베이션 등을 거느린 우리나라 굴지의 재벌 그룹입니다. SK그룹의 수장이자 대한상공회의소 회장인 최태원 회장의 삶을 사주를 통해 풀어 봄으로써 그가 어떤 삶을 살아왔는지 알아보고, 경영자의 미레를 통해 그룹의 미래도 가늠해 보겠습니다.

## 최태원 회장은 어떤 사람인가?

| 상관 | 일원 | 식신 | 정관 |
|---|---|---|---|
| 丙 | 乙 | 丁 | 庚 |
| 戌 | 丑 | 亥 | 子 |
| 정재 | 편재 | 정인 | 편인 |

| 木(1) | 火(2) | 土(2) | 金(1) | 水(2) |
|---|---|---|---|---|
| 辛丁戊 | 癸辛己 | | 戊甲壬 | 壬癸 |

| 81 | 71 | 61 | 51 | 41 | 31 | 21 | 11 | 1.3 |
|---|---|---|---|---|---|---|---|---|
| 丙 | 乙 | 甲 | 癸 | 壬 | 辛 | 庚 | 己 | 戊 |
| 申 | 未 | 午 | 巳 | 辰 | 卯 | 寅 | 丑 | 子 |

최태원의 사주

최태원 회장은 꽃나무와 같은 사람입니다. 꽃나무는 정원에 심어져야 하고, 적당한 물과 햇빛이 있으면 아름다운 꽃을 피울 수 있습니다. 특히, 을목乙木은 상대적으로 권력 의지가 큰 사람이 많습니다. 그의 사주에서 나타나는 특징은 일간 을목乙木이 연간 경금庚金에 묶여 있다는 것, 그리고 그것이 병화丙火를 다시 묶고 있다는 점입니다. 천간의 글자 간에 합이 되고, 풀리는 과정에서 인생의 변화가 클 수 있습니다. 또한, 지지는 해자축亥子丑으로 자칫 탁수가 될 가능성이 있습니다.

## 오행 분석

이 사주는 오행이 고르게 자리 잡고 있습니다. 그러나 천간에 병정 丙丁 갈등의 소지가 있고, 지지에 탁수가 될 가능성이 있어 고른 오행 구성임에도 문제를 일으킬 소지가 있는 사주입니다.

## 사주 해석

이 사주는 을목乙木 일간에 관성은 연간의 경금庚金으로, 관성이 일 간에 묶여 있는 상황입니다. 그리고 그것이 다시 병화丙火를 묶고 있 어 병정丙丁 갈등을 일으키지 않는 상황입니다. 그러나 천간의 합 이 풀리면 현실과 이상 세계에 대한 갈등이 발생할 소지가 있습니 다. 지지는 탁수의 가능성이 있는데, 이를 막기 위해서는 축토丑土 를 사유축巳酉丑 금金으로 이용하여 IT, 생명공학 등의 사업을 하거 나 해수亥水를 해묘미亥卯未 목木으로 이용하여 교육 사업 혹은 건축 업을 할 경우에 어려운 문제를 해결할 수 있습니다. 다행히 기업의 주력 사업이 통신과 반도체, 그리고 최근에는 SK바이오사이언스 등 금金과 관련된 생명공학이므로 방향을 잘 잡은 것으로 볼 수 있습 니다.

## 대운 분석

을경합乙庚合으로 일간이 묶여 있는 사주는 합이 풀릴 때 삶의 변화 가 나타납니다. 이 합이 풀리기 위해서는 경금庚金, 신금辛金, 을목乙木 과 관련된 운이 와야 합니다. 최태원 회장은 31세 신묘辛卯 대운에 천간합이 풀리고, 해묘미亥卯未로 일간이 힘을 받으면서 1992년 임신壬申년에 SK상사 부장으로 입사하고, 1998년 부친의 타계 이후 회장까지 오르게 됩니다. 41세 임진壬辰 대운에 속한 2003년 계미癸未년에는 지지가 신자진申子辰, 해자축亥子丑으로 탁수가 되면서 분식회계 사건으로 3년형을 선고받았고, 51세 계사癸巳 대운에 속한 2013년 계사癸巳년에는 계수癸水가 무토戊土를 끌어오면서 탁한 사주가 되어 공금횡령으로 구속되는 일이 있었습니다.

그러나 61세 갑오甲午 대운에는 병정丙丁 갈등이 없어지고 꽃나무가 아름드리나무를 타고 올라 꽃을 피우는 격이므로 70세까지 탄탄대로를 걸을 가능성이 큽니다. 그러나 71세 을미乙未 대운에는 을목乙木이 와서 합이 풀리므로 정신 건강에 특히 조심해야 할 것입니다.

# 천간에 드러나는
# 목표

옛날 성인들은 사람의 욕구가 집중되는 돈, 명예, 권력 중 하나만 가져야 하며, 셋을 모두 가지려고 하면 탈이 난다고 했습니다. 그러나 돈을 가진 사람은 명예나 권력을 가지려고 하고, 권력을 가진 사람은 그 권력을 이용하여 재물을 모아, 그 재물을 바탕으로 명예도 누리려고 합니다. 명예가 높은 사람은 그 명예를 이용하여 권력을 잡고, 그 권력을 다시 이용하여 재물을 쌓으려고 합니다. 그렇다면 사주를 통해서 나는 돈, 명예, 권력 중 어느 것을 향해 살아야 하는지 알아보도록 하겠습니다.

## 재물보다 명예를 따라 살아야 하는 사주

대표적인 사례는 무재사주입니다.

| 비견 | 일원 | 편관 | 식신 |
|---|---|---|---|
| 壬 | 壬 | 戊 | 甲 |
| 寅 | 寅 | 辰 | 辰 |
| 식신 | 식신 | 편관 | 편관 |

| 木(3) | 火(0) | 土(3) | 金(0) | 水(2) |
|---|---|---|---|---|

| 戊丙甲 | 戊丙甲 | 乙癸戊 | 乙癸戊 |
|---|---|---|---|

| 84 | 74 | 64 | 54 | 44 | 34 | 24 | 14 | 4.0 |
|---|---|---|---|---|---|---|---|---|
| 丁 | 丙 | 乙 | 甲 | 癸 | 壬 | 辛 | 庚 | 己 |
| 丑 | 子 | 亥 | 戌 | 酉 | 申 | 未 | 午 | 巳 |

이 사주는 임수壬水 일간에 재성이 없는 무재사주이자 관성이 드러나 있는 사주입니다. 특히 천간에 무토戊土 관성이 드러나 있어 돈보다 명예를 추구하거나, 조직 생활을 하면서 살아야 하는 사주입니다. 그러나 무재사주라고 해서 돈이 없는 것은 아닙니다. 조직 생활을 통해 돈을 모을 수도 있고, 대운의 흐름에 따라 재물운이 오면 재물을 모을 수도 있습니다. 재물에 전념하기보다는 명예를 드높이는 일에 몰두하면 재물이 충분히 뒤따를 수 있습니다.

## 명예보다 재물을 따라 살아야 하는 사주

대표적인 사례는 무관사주에 재물이 천간에 드러난 사주입니다.

| 편재 | 일원 | 상관 | 상관 |
|------|------|------|------|
| 乙 | 辛 | 壬 | 壬 |
| 未 | 未 | 寅 | 申 |
| 편인 | 편인 | 정재 | 겁재 |

| 木(2) | 火(0) | 土(2) | 金(2) | 水(2) |
|-------|-------|-------|-------|-------|

| 丁乙己 | 丁乙己 | 戊丙甲 | 戊壬庚 |
|--------|--------|--------|--------|

| 83 | 73 | 63 | 53 | 43 | 33 | 23 | 13 | 3.0 |
|----|----|----|----|----|----|----|----|-----|
| 辛 | 庚 | 己 | 戊 | 丁 | 丙 | 乙 | 甲 | 癸 |
| 亥 | 戌 | 酉 | 申 | 未 | 午 | 巳 | 辰 | 卯 |

이 사주는 관성이 없는 무관사주이며, 재성이 천간에 드러난 사주입니다. 이런 경우에는 명예보다 재물에 관심을 두면서 살아야 합니다. 하지만 무재사주와 마찬가지로 명예나 직상운이 전혀 없는 것은 아닙니다. 대운의 흐름 등을 통해 관운이 오면 직장이나 명예를 충분히 얻을 가능성이 크기 때문입니다.

## 재물과 명예가 동시에 나타난 경우

무재사주 또는 무관사주만 있는 것은 아닙니다. 천간에 재물과 명예가 동시에 나타난 경우도 있습니다. 그런 경우에는 어떤 것을 따라야 하는지 다음 사주를 통해 알아보겠습니다.

| 식신 | 일원 | 편관 | 편재 |
|---|---|---|---|
| 癸 | 辛 | 丁 | 乙 |
| 巳 | 卯 | 亥 | 未 |
| 정관 | 편재 | 상관 | 편인 |

| 木(2) | 火(2) | 土(1) | 金(1) | 水(2) |
|---|---|---|---|---|
| 戊庚丙 | 甲乙 | 戊甲壬 | 丁乙己 | |

| 86 | 76 | 66 | 56 | 46 | 36 | 26 | 16 | 6.0 |
|---|---|---|---|---|---|---|---|---|
| 戊 | 己 | 庚 | 辛 | 壬 | 癸 | 甲 | 乙 | 丙 |
| 寅 | 卯 | 辰 | 巳 | 午 | 未 | 申 | 酉 | 戌 |

이 사주는 신금辛金 일간에 관성인 정화丁火, 재성인 을목乙木이 동시에 드러나 있는 사주입니다. 그럼 이 사람은 무엇을 삶의 중심에 두고 살아야 할까요? 재물과 명예 중 무엇의 뿌리가 더 탄탄하게 지지에 자리 잡고 있는지 살펴보면 좋습니다.

지지에 명예가 되는 정화丁火의 뿌리로는 사화巳火가 있고, 재물이 되는 을목乙木의 뿌리로는 묘목卯木이 있습니다. 그런데 지지에 해묘미 亥卯未도 있어 목木 기운이 강한 상황이므로, 이를 통해 재물의 뿌리가 더 탄탄하다는 것을 알 수 있습니다. 이때는 명예보다 재물을 목표로 두는 것이 더 좋습니다.

　사람마다 삶의 목표가 다르게 나타날 수 있으므로 지지에 무엇의 뿌리가 더 탄탄한지 판단해야 할 것입니다.

# 관성을 따라야 하는 경우와
# 행동 방향

사람들은 때때로 자신의 목표를 이루기 위해 무엇을 하면서 살아야 하는지 갈피를 잡지 못하는 경우가 있는데, 그 해답은 지지에서 찾을 수 있습니다. 지지를 삶의 목표를 이루는 행동 방향이라고 말하는 것은 지지가 무엇을 하면서 살아야 하는지 알려 주기 때문입니다. 그럼 재물보다는 명예를 따라야 하는 사람은 어떤 일을 하면서 살아야 하는지 앞선 무재사주의 사례를 바탕으로 살펴보겠습니다.

| 비견 | 일원 | 편관 | 식신 |
|------|------|------|------|
| 壬 | 壬 | 戊 | 甲 |
| 寅 | 寅 | 辰 | 辰 |
| 식신 | 식신 | 편관 | 편관 |

| 木(3) | 火(0) | 土(3) | 金(0) | 水(2) |
|-------|-------|-------|-------|-------|
| 戊丙甲 | 戊丙甲 | 乙癸戊 | | 乙癸戊 |

| 84 | 74 | 64 | 54 | 44 | 34 | 24 | 14 | 4.0 |
|----|----|----|----|----|----|----|----|-----|
| 丁 | 丙 | 乙 | 甲 | 癸 | 壬 | 辛 | 庚 | 己 |
| 丑 | 子 | 亥 | 戌 | 酉 | 申 | 未 | 午 | 巳 |

이 사주는 무재사주에 관성 무토戊土가 천간에 드러나 있습니다. 토土는 종교, 교육, 부동산 등과 관련된 일을 말합니다. 그리고 한발 더 나아가 보면 무토戊土의 관성은 목극토木剋土에 따라 갑목甲木이 됩니다. 목木과 관련된 일은 무엇일까요? 목木은 교육, 건축, 출판, 섬유, 사람을 만나는 일 등을 말합니다.

이 사주의 지지는 두 개의 인목寅木과 두 개의 진토辰土가 있습니다. 인묘진寅卯辰 목木이 완성되므로 교육과 관련된 일을 하면 좋습니다. 그리고 인목寅木은 인해합寅亥合으로 목木이 되고, 진토辰土는 진유합辰酉合으로 금金이 되므로 목木과 금金의 전공을 살릴 수 있습니다. 이 사람은 금金과 관련된 경영학을 전공하여 대학에서 학생들을 가르치는 일을 하면서 살고 있습니다.

# 재성을 따라야 하는 경우와
# 행동 방향

관성보다는 재성을 따라야 하는 사람의 사주를 통해 어떤 행동을 해야 하는지 앞서 본 무관사주를 통해 알아보겠습니다.

| 편재 | 일원 | 상관 | 상관 |
|------|------|------|------|
| 乙 | 辛 | 壬 | 壬 |
| 未 | 未 | 寅 | 申 |
| 편인 | 편인 | 정재 | 겁재 |

| 木(2) | 火(0) | 土(2) | 金(2) | 水(2) |
|-------|-------|-------|-------|-------|
| 丁乙己 | 丁乙己 | 戊丙甲 | 戊壬庚 | |

| 83 | 73 | 63 | 53 | 43 | 33 | 23 | 13 | 3.0 |
|----|----|----|----|----|----|----|----|----|
| 辛 | 庚 | 己 | 戊 | 丁 | 丙 | 乙 | 甲 | 癸 |
| 亥 | 戌 | 酉 | 申 | 未 | 午 | 巳 | 辰 | 卯 |

이 사주는 무관사주로 재성으로는 천간에 을목乙木이 있습니다. 그리고 재성의 재성, 즉 목극토木훼土를 통해 을목乙木이 극하는 토土인

미토未土가 지지에 있습니다. 을목乙木은 목木 기운으로, 교육(특히 초등교육), 건축, 출판, 섬유업 등을 의미하고, 미토未土는 교육, 종교, 부동산 등을 의미합니다. 지지에 을목乙木의 뿌리인 인목寅木이 있고, 미토未土도 해묘미亥卯未를 이룰 개연성이 있으니, 이 사람은 교육 사업이나 출판업을 하면 돈을 벌 수 있을 것이라 예측할 수 있습니다.

다음으로 재물과 명예가 동시에 나타난 사람의 사례를 통해 어떤 행동을 해야 하는지 알아보겠습니다.

| 식신 | 일원 | 편관 | 편재 |
|---|---|---|---|
| 癸 | 辛 | 丁 | 乙 |
| 巳 | 卯 | 亥 | 未 |
| 정관 | 편재 | 상관 | 편인 |

| 木(2) | 火(2) | 土(1) | 金(1) | 水(2) |
|---|---|---|---|---|
| 戊庚丙 | 甲乙 | 戊甲壬 | | 丁乙己 |

| 86 | 76 | 66 | 56 | 46 | 36 | 26 | 16 | 6.0 |
|---|---|---|---|---|---|---|---|---|
| 戊 | 己 | 庚 | 辛 | 壬 | 癸 | 甲 | 乙 | 丙 |
| 寅 | 卯 | 辰 | 巳 | 午 | 未 | 申 | 酉 | 戌 |

이 사주는 재성과 관성이 동시에 드러난 사주입니다. 다만, 지지에 재물의 뿌리가 더 크니 명예보다는 재물을 따라 사는 것이 좋습니다.

재성은 을목乙木으로 드러나 교육, 건축, 출판, 섬유업 등을 하면 좋고, 재성의 재성인 미토未土의 경우에는 교육, 종교, 부동산 등을 하면 좋습니다. 게다가 지지에 해묘미亥卯未가 있으니 교육이나 출판과 관련된 일을 하면 돈을 벌 수 있습니다. 또한, 지지의 사화巳火는 사유축巳酉丑 금金의 개연성이 있어 금융이나 생명공학과 관련된 일을 할 수 있습니다. 특히 천간 을목乙木이 경금庚金을 끌어오면 금융과 관련된 일도 가능한 사람입니다. 천간에 드러난 을목乙木은 공교육에서는 초·중등교육을 의미하는데, 만약 공교육에 종사하지 않으면 사교육에 종사하는 것을 의미합니다. 이 사주의 주인공은 돈나무 언니로 불리는 캐서린 우드Catherine Wood의 사주입니다. 아크인베스트먼트ARK Investment의 창업자이기도 합니다.

이렇듯 사주를 통해 무엇을 목표로 할 것인지, 그리고 무엇을 하면 그 목표를 달성할 수 있는지 판단할 수 있습니다. 사주 판단은 아는 만큼 더 풍요로운 해석이 가능하며, 기본만 알아도 큰 줄기는 잡을 수 있습니다.

# 지지에 오면 좋지 않은
# 글자 조합, 지지충

지지는 행동 방향을 결정합니다. 그러나 지지에 오면 좋지 않은 글자 조합이 있습니다. 흔히 지지의 충沖이라고 하는데, 글자끼리의 충돌을 의미합니다. 다음의 글자 조합이 나타나면 주식 투자는 물론, 일상적인 일에도 영향을 미칠 수 있으니 조심해야 합니다.

## 인신사해(寅申巳亥)

생지의 글자가 모두 모여 충돌하는 것을 말합니다. 아주 어린 기운들이 마구 부딪히므로 상처를 입기 쉬운 조합입니다. 이 글자들이 모두 있어야 하는 것은 아니지만, 적어도 세 글자 이상이 모이면 조심해야 합니다. 과거에는 이런 글자를 역마살驛馬煞*이라고 했지만, 현대에는 하는 일에 변동이 생길 수 있는 것으로 해석합니다. 예를 들어 직장을 옮기거나, 이사 또는 창업을 하는 일 등이 생길 수 있는 것입

---

\* 늘 분주하게 이리저리 떠돌아다니게 된 액운

니다.

주식에 적용하면 종목을 옮겨 다녀야 할 수 있다는 의미이기도 합니다. 그러나 투자 결정은 그때의 전체적인 운을 보면서 결정해야 합니다. 투자자의 입장에서는 이 종목, 저 종목으로 옮겨 다녀야 하니 좋지 않습니다. 즉, 조심해야 하는 때입니다.

인신사해寅申巳亥에 관해서는 다음과 같이 판단하면 됩니다.

### • 사주에 네 글자가 모두 있는 경우

대운이나 세운에 네 글자 중 하나가 오면 그 기운이 활성화되는 때이니 조심해야 합니다.

### • 사주에 세 글자가 있는 경우

대운이나 세운에 나머지 한 글자가 와서 인신사해寅申巳亥가 완성되는 경우와 완성은 아니더라도 네 글자 중 하나가 오는 경우에는 그 기운이 활성화되는 때이니 조심해야 합니다.

### • 사주에 두 글자가 있는 경우

대운이나 세운에 나머지 두 글자 중 하나가 오면 그 기운이 활성화될 수 있으니 조심해야 합니다.

| 식신 | 일원 | 비견 | 정관 |
|---|---|---|---|
| 丙 | 甲 | 甲 | 辛 |
| 寅 | 申 | 午 | 亥 |
| 비견 | 편관 | 상관 | 편인 |

| 木(3) | 火(2) | 土(0) | 金(2) | 水(1) |
|---|---|---|---|---|

| 戊丙甲 | 戊壬庚 | 丙己丁 | 戊甲壬 |
|---|---|---|---|

| 87 | 77 | 67 | 57 | 47 | 37 | 27 | 17 | 7.3 |
|---|---|---|---|---|---|---|---|---|
| 乙 | 丙 | 丁 | 戊 | 己 | 庚 | 辛 | 壬 | 癸 |
| 酉 | 戌 | 亥 | 子 | 丑 | 寅 | 卯 | 辰 | 巳 |

이 사주는 지지에 인신사해寅申巳亥가 있는 사주입니다. 대운으로 보면 어린 시절인 7세 계사癸巳 대운에 집을 떠나는 일이 생길 수 있습니다. 이렇듯 유동적인 일이 많이 생길 때는 조심해야 합니다.

인신사해寅申巳亥의 피해를 막을 수 있는 방법은 인오술寅午戌, 신지진申子辰, 사유축巳酉丑, 해묘미亥卯未와 관련된 일을 하는 것입니다. 인오술寅午戌은 화火와 관련이 있으니 방송, 예술, 교육 등과 관련된 일을, 신자진申子辰은 수水와 관련이 있으니 유통이나 해외 등과 관련된 일을, 사유축巳酉丑은 금金과 관련이 있으니 경제, 경영, 생명공학 등과 관련된 일을, 해묘미亥卯未는 목木과 관련이 있으니 교육, 건축, 출판, 섬유업 등과 같은 일을 하면 인신사해寅申巳亥를 피할 수 있습니다.

# 자오묘유(子午卯酉)

각 계절의 기운이 가장 강한 왕지에 해당합니다. 이는 왕지의 충돌이 생기는 것으로, 가장 강한 세력들끼리 부딪혀 엄청난 타격을 주는 일이 생길 수 있습니다. 특히 일간이 합으로 묶인 상태에서 자오묘유子午卯酉가 오면 수술하거나 법정에 가는 송사訟事에 휘말릴 정도로 좋지 않은 일이 생길 수 있습니다. 이들도 세 글자 이상이 모이면 일단 조심해야 합니다.

자오묘유子午卯酉에 관해서는 다음과 같이 판단하면 됩니다.

**• 사주에 네 글자가 모두 있는 경우**

대운이나 세운에 네 글자 중 하나가 오면 그 기운이 활성화되는 때이니 조심해야 합니다.

**• 사주에 세 글자가 있는 경우**

대운이나 세운에 나머지 한 글자가 와서 자오묘유子午卯酉가 완성되는 경우와 완성은 아니더라도 네 글자 중 하나가 오는 경우에는 그 기운이 활성화되는 때이니 조심해야 합니다.

**• 사주에 두 글자가 있는 경우**

대운이나 세운에 나머지 두 글자 중 하나가 오면 그 기운이 활성화될 수 있으니 조심해야 합니다.

| 정인 | 일원 | 편재 | 편재 |
|---|---|---|---|
| 癸 | 甲 | 戊 | 戊 |
| 酉 | 子 | 午 | 申 |
| 정관 | 정인 | 상관 | 편관 |

| 木(1) | 火(1) | 土(2) | 金(2) | 水(2) |
|---|---|---|---|---|
| 庚辛 | 壬癸 | 丙己丁 | 戊壬庚 | |

| 85 | 75 | 65 | 55 | 45 | 35 | 25 | 15 | 4.6 |
|---|---|---|---|---|---|---|---|---|
| 丁 | 丙 | 乙 | 甲 | 癸 | 壬 | 辛 | 庚 | 己 |
| 卯 | 寅 | 丑 | 子 | 亥 | 戌 | 酉 | 申 | 未 |

이 사주는 지지에 자오묘유子午卯酉가 있는 사주로, 어려움이 올 개연성이 큰 사주입니다. 실제로 살면서 법정 구속과 석방을 거듭한 사주입니다. 특히 주식 투자자들은 자신의 사주와 대운에 자오묘유子午卯酉가 오는 일이 생기면 투자를 멈추고 그 운이 지나갈 때까지 기나리는 지혜가 필요합니다.

자오묘유子午卯酉의 피해를 막을 수 있는 방법은 인오술寅午戌, 신자진申子辰, 사유축巳酉丑, 해묘미亥卯未와 관련된 일을 하는 겁니다. 인오술寅午戌은 화火와 관련이 있으니 방송, 예술, 교육 등과 관련된 일을, 신자진申子辰은 수水와 관련이 있으니 유통이나 해외 등과 관련된 일을, 사유축巳酉丑은 금金과 관련이 있으니 경제, 경영, 생명공학 등과 관련된 일을, 해묘미亥卯未는 목木과 관련이 있으니 교육, 건축, 출판, 섬유업 등과 같은 일을 하면 자오묘유子午卯酉를 피할 수 있습니다.

# 진술축미(辰戌丑未)

땅과 땅이 부딪히는 형국으로, 지진이 난 것으로 보면 됩니다. 지진이 나면 땅이 갈라지고, 나무가 뿌리 채 뽑히는 일이 생길 수 있어 조심해야 합니다. 세 글자 이상이 모이거나 진辰과 술戌 두 글자만 있어도 강력한 충돌이 생기는 형국이기 때문에 조심해야 합니다.

진술축미辰戌丑未에 관해서는 다음과 같이 판단하면 됩니다.

## • 사주에 네 글자가 모두 있는 경우

대운이나 세운에 네 글자 중 하나가 오면 그 기운이 활성화되는 때이니 조심해야 합니다.

## • 사주에 세 글자가 있는 경우

대운이나 세운에 나머지 한 글자가 와서 진술축미辰戌丑未가 완성되는 경우와 완성은 아니더라도 네 글자 중 하나가 오는 경우에는 그 기운이 활성화되는 때이니 조심해야 합니다.

## • 사주에 두 글자가 있는 경우

대운이나 세운에 나머지 두 글자 중 하나가 오면 그 기운이 활성화될 수 있으니 조심해야 합니다.

| 겁재 | 일원 | 편재 | 정재 |
|---|---|---|---|
| 戊 | 己 | 癸 | 壬 |
| 辰 | 未 | 丑 | 戌 |
| 겁재 | 비견 | 비견 | 겁재 |

| 木(0) | 火(0) | 土(6) | 金(0) | 水(2) |
|---|---|---|---|---|
| 乙癸戊 | 丁乙己 | 癸辛己 | 辛丁戊 | |

| 81 | 71 | 61 | 51 | 41 | 31 | 21 | 11 | 1.3 |
|---|---|---|---|---|---|---|---|---|
| 壬 | 辛 | 庚 | 己 | 戊 | 丁 | 丙 | 乙 | 甲 |
| 戌 | 酉 | 申 | 未 | 午 | 巳 | 辰 | 卯 | 寅 |

이 사주는 여섯 개의 토土와 두 개의 수水, 그리고 지지에 진술축미 辰戌丑未가 있는 사주입니다. 우선, 토土가 많은 것은 완고한 성격을 말합니다. 지지에서 땅이 흔들리면 탁수가 될 수 있습니다. 이때는 돈을 벌어도 그 재물이 오히려 내게 어려움을 주는 일이 생길 수 있습니다. 이런 운이 올 때는 몸을 낮추고 보수적인 투자를 해야 합니다.

## 갑갑(甲甲) 사주의 특징

갑목甲木이 두 개 있는 사주를 갑갑甲甲 사주라고 합니다. 큰 나무가 두 개가 있으니 좋을 것 같지만, 말 그대로 갑갑한 상황이 많이 벌어질 수 있습니다. 이런 사주는 두 개의 갑목甲木 중 하나가 없어지는 때가 오면 좋은 운으로 갈 수 있습니다.

예를 들어 기토己土 운이 오면 갑기합甲己合으로 하나의 갑목甲木이 없어질 수 있고, 경금庚金 운이 오면 큰 도끼가 나무 하나를 쓰러뜨릴 수 있어 좋은 상황이 만들어질 수 있습니다. 대체로 갑목甲木이 두 개인 경우에는 직업이나 전공, 국적이 두 개가 될 수 있습니다.

| 식신 | 일원 | 비견 | 편관 |
|---|---|---|---|
| 丙 | 甲 | 甲 | 庚 |
| 寅 | 午 | 申 | 午 |
| 비견 | 상관 | 편관 | 상관 |

| 木(3) | 火(3) | 土(0) | 金(2) | 水(0) |
|---|---|---|---|---|

| 戊丙甲 | 丙己丁 | 戊壬庚 | 丙己丁 |
|---|---|---|---|

| 89 | 79 | 69 | 59 | 49 | 39 | 29 | 19 | 9.0 |
|---|---|---|---|---|---|---|---|---|
| 癸 | 壬 | 辛 | 庚 | 己 | 戊 | 丁 | 丙 | 乙 |
| 巳 | 辰 | 卯 | 寅 | 丑 | 子 | 亥 | 戌 | 酉 |

이 사주는 갑갑甲甲 사주입니다. 특히, 재물이 없는 무재사주이기도 합니다. 재물운이 오는 39세 무자戊子 대운부터 돈을 벌 수 있는

흐름이지만, 그보다는 49세 기축己丑 대운에 하나의 갑목甲木이 없어지면서 헤지펀드 업계에서 일약 스타로 등극합니다. 바로 조지 소로스George Soros의 사주입니다.

갑갑甲甲 사주보다 조금 나은 사주는 갑목甲木이 세 개가 있는 갑갑갑甲甲甲 사주입니다. 이는 세 개의 갑목甲木이 숲을 이룬 격으로, 숲속은 어두우므로 내면에 우울증을 가질 수 있는 사주입니다. 그리고 갑목甲木이 셋이므로 직업, 전공, 국적이 세 개이거나, 심지어 결혼도 세 번할 수 있는 사주가 될 수 있습니다.

이를 없애기 위해서는 기토己土 운이 와서 3 : 1로 갑기합甲己合을 이루면 매우 좋은 운이 됩니다. 이때는 세 회사의 대표가 될 수 있을 정도로 좋은 상황이 벌어질 수 있습니다. 그러나 그렇지 않을 경우에는 독불장군이 되어 몇 가지 일을 하는 사람이 될 수 있습니다.

| 비견 | 일원 | 비견 | 정관 |
|------|------|------|------|
| 甲 | 甲 | 甲 | 辛 |
| 子 | 申 | 午 | 亥 |
| 정인 | 편관 | 상관 | 편인 |

| 木(3) | 火(1) | 土(0) | 金(2) | 水(2) |
|-------|-------|-------|-------|-------|

| 壬癸 | 戊壬庚 | 丙己丁 | 戊甲壬 |
|------|--------|--------|--------|

| 87 | 77 | 67 | 57 | 47 | 37 | 27 | 17 | 7.3 |
|----|----|----|----|----|----|----|----|-----|
| 乙 | 丙 | 丁 | 戊 | 己 | 庚 | 辛 | 壬 | 癸 |
| 酉 | 戌 | 亥 | 子 | 丑 | 寅 | 卯 | 辰 | 巳 |

이 사주는 일론 머스크Elon Musk의 사주입니다. 어릴 때 우울증을 앓았지만, 많은 회사를 거느리고 있으면서 47세 기축己丑 대운에 큰 성공을 거둔 사주라 할 수 있습니다.

제8장

# 사주명리로
# 나에게 맞는
# 업종 고르기

※ 사주명리로 부자되기, 주식 투자 치트키 ※

# 사주로 풀어보는
# 아마존의 제프 베이조스

**제프 베이조스**
Jeff Bezos
아마존닷컴 설립자

  세계 유통업계의 가장 큰 공룡이자 서버 및 클라우드 시장의 최강자이며, 드론과 자율주행 자동차에서도 두각을 드러낼 것으로 알려진 아마존Amazon의 창업자, 제프 베이조스Jeff Bezos의 삶을 알아보며 아마존의 미래에 대해서 살펴보고자 합니다.

## 제프 베이조스는 어떤 사람인가?

| 식신 | 일원 | 정재 | 상관 |
|------|------|------|------|
| 壬 | 庚 | 乙 | 癸 |
| 午 | 申 | 丑 | 卯 |
| 정관 | 비견 | 정인 | 정재 |

| 木(2) | 火(1) | 土(1) | 金(2) | 水(2) |
|-------|-------|-------|-------|-------|
| 丙己丁 | 戊壬庚 | 癸辛己 | 甲乙 | |

| 82 | 72 | 62 | 52 | 42 | 32 | 22 | 12 | 2.0 |
|----|----|----|----|----|----|----|----|----|
| 丙 | 丁 | 戊 | 己 | 庚 | 辛 | 壬 | 癸 | 甲 |
| 辰 | 巳 | 午 | 未 | 申 | 酉 | 戌 | 亥 | 子 |

제프 베이조스의 사주

제프 베이조스는 큰 칼과 같은 사람입니다. 큰 칼은 물에서 놀아야 능력을 발휘할 수 있고, 손잡이가 있어야 본인이 다치지 않을 수 있습니다. 칼은 만들어질 때 뜨거운 불에서 담금질을 했기 때문에 불은 필요 없습니다. 뜨거워지면 칼날이 무뎌질 수 있기 때문입니다. 제프 베이조스는 수水와 목木이 있어야 능력을 잘 발휘할 수 있는 사람입니다. 다만, 일간이 을목乙木에 묶여 있어 이것이 풀어질 때 더 큰 능력을 발휘할 수 있습니다.

## 오행 분석

이 사주는 오행이 고르게 자리 잡고 있습니다. 그러나 천간을 보면 일간이 을목乙木에 묶여 있고, 지지는 자오묘유子午卯酉가 될 개연성을 가지고 있습니다. 또한, 천간에 물이 넘칠 만큼 가둬져 있지 않은 것도 부담입니다.

## 사주 해석

이 사주는 경금庚金 일간이 을목乙木과 합하여 신금辛金이 되고, 금金이 놀 수 있는 물이 있으며, 손잡이 역할을 하는 목木도 있어서 사주 구성이 매우 좋습니다. 이런 사주는 일간의 합이 풀릴 때, 신금辛金에 태양이 뜰 때, 재물운이 강해질 때 좋은 운으로 흐르게 됩니다. 또한, 자오묘유子午卯酉의 개연성은 있으나 수水 혹은 금金을 사용하는 일을 하면 어려움을 막을 수 있습니다. 명예를 뜻하는 관성보다는 재성으로 움직일 가능성이 큰 사주입니다.

## 대운 분석

을경합乙庚合으로 일간이 묶여 있는 사주는 합이 풀릴 때 삶의 변화가 나타납니다. 이 합이 풀리기 위해서는 경금庚金, 신금辛金, 을목乙木과 관련된 운이 와야 합니다. 또한 인오술寅午戌로 태양이 뜨거나, 신금辛金이 두 개가 되어 강력하게 태양火을 끌어올 때, 혹은 재물운이 강해질 때 재물이 많이 모이게 됩니다.

제프 베이조스는 12세 계해癸亥 대운 때 지지가 해묘미亥卯未가 됐는데, 이때 공부를 의미하는 나무의 뿌리가 탄탄해져 학업에서 뛰어난 성과를 거뒀습니다. 제프 베이조스는 프린스턴대학에서 컴퓨터를 전공했습니다. 22세 임술壬戌 대운 때는 지지의 인오술寅午戌로 태양을 불러오고, 32세 신유辛酉 대운 때는 신금辛金이 와서 일간이 풀려나니 승승장구하는 운입니다. 특히 30대에 아마존닷컴을 창업한 이후 42세 경신庚申 대운에는 일간의 합이 풀리고, 52세 기미己未 대운에는 재물인 목木 기운이 강해지면서 재운이 더 커지는 형국입니다. 62세 무오戊午 대운에는 물을 막을 제방까지 생기니 아마존의 앞날도 창업자의 운과 결합해서 좋은 경영 상태가 이어질 수 있을 것으로 보입니다.

# 오행과
# 업종의 구분

주식 시장에서 산업 내지는 업종은 비슷한 원재료를 이용해서 비슷한 완성품을 만들어내는 기업 집단을 말합니다. 주식 투자를 하다 보면 투자자마다 투자하기 수월한 업종이 있습니다. 즉, 자신과 궁합이 맞는 업종이 있다는 의미입니다.

사주 오행은 목木, 화火, 토土, 금金, 수水입니다. 주식 시장에 상장된 기업의 업종을 오행과 연결해 보면 자신에게 맞는 업종 전략을 세울 수 있습니다. 물론, 모든 업종이 오행에 정확하게 맞지 않을 수도 있고, 하나의 업종이 두 개 이상의 오행과 관련 있을 수도 있습니다. 지금까지 살펴본 오행의 성질을 바탕으로 각 오행과 관련이 있는 업종을 구분해 보겠습니다. 기준은 유가증권 시장의 업종 구분을 기본으로 하고, 코스닥 시장의 업종 구분은 보조적으로 사용하겠습니다.

## < 오행에 따른 업종 구분 >

| 오행 | 업종 구분 |
|------|-----------|
| 목(木) | 섬유·의복, 종이·목재, 건축 중심의 건설, 출판 매체, 가구, 교육 등 |
| 화(火) | 화학, 의약품, 전기·전자, 전기·가스, 우주항공, 통신, 방송 서비스, 오락·문화, 게임, 반도체, 엔터테인먼트, 온라인 교육, 2차 전지, 여행 업종, 일본 관련주 등 |
| 토(土) | 비철금속 중 시멘트, 토목 중심의 건설, 교육, 중국 관련주 등 |
| 금(金) | 의약품, 바이오, 비금속광물, 철강금속, 기계, 전기·전자, 의료 정밀, 운수·장비, 조선, 육상 운송, 금융, 증권, 보험, 반도체, 방위 산업, 미국 기업 관련주 등 |
| 수(水) | 음·식료, 유통, 홈쇼핑, 해운, 건강식품, 조선, 러시아 관련주 등 |

오행에 따른 업종 구분을 보면 화火, 금金은 속해 있는 업종이 많은 반면 목木, 토土, 수水는 속해 있는 업종이 많지 않습니다. 그러나 소속 업종의 수가 많고 적음보다는 자신의 사주에 맞는 투자 업종을 확인하고, 이를 주식 투자 전략 수립 과정에 적용하는 것이 적합합니다.

전문 투자자 또는 기관 투자자는 주식 투자 전략을 세울 때 가장 먼저 투자할 수 있는 투자 대상 종목을 선별합니다. 그 과정을 '유니버스Universe를 구성한다.'라고 말합니다. 여기서 말하는 유니버스란 흔히 관심종목군을 구성하는 것입니다.

예를 들어 어떤 투자자가 '적자가 발생한 종목은 투자하지 않는다.'는 원칙을 세웠다면 흑자 기업만을 골라 자신의 유니버스를 구성합니다. 어떤 투자자가 좀 더 엄격하게 '적어도 3년 연속 흑자가 난 기업에만 투자할 것이다.'라는 원칙을 세웠다면 3년 연속 흑자 기업

만이 투자 대상이 되는 것입니다. 이렇듯 유니버스를 구성하는 방법
은 투자자에 따라 달라질 수 있습니다. 주식 시장에 상장된 약 2,500
여 개의 모든 종목을 대상으로 투자하는 것은 매우 위험한 투자법이
될 수 있습니다. 유니버스 구성 시 일차적으로 자신의 사주에 맞는
업종을 선택한 후, 이차적으로 재무 정보 등을 통해 종목을 선별한다
면 더욱 성공할 확률이 높은 투자법이 될 수 있습니다.

한발 더 나아가 유니버스에 포함된 종목 중 자신이 실제로 투자하
고 있는 종목을 윈도Window라고 합니다. 흔히 말하는 윈도 드레싱
Window Dressing은 자신이 투자한 종목들이 예쁘게 보일 수 있도록 하
는 작업, 즉 포트폴리오 수익률이 좋은 종목을 남기고 마이너스 종목
은 아예 없애는 것을 의미합니다.

# 일간과 재성,
# 그리고 재의 재

　투자자 본인을 의미하는 글자는 일간입니다. 그리고 그 일간이 극하는 오행은 재성이 됩니다. 그런데 재물의 의미를 조금 더 확장하면 재물의 재물을 찾는 것도 의미 있는 작업입니다. 이는 현재 사주명리 임상에서 활발하게 적용되고 있는 개념입니다.

　투자자 본인의 일간에 맞는 재성은 내게 재물을 가져오는 오행이 되므로 일차적으로 고려할 수 있는 업종이 됩니다. 그리고 이차적으로는 재성의 재성이라고 하는 '재財의 재財'가 투자 대상으로 삼을 수 있는 업종이 됩니다.

　각 일간과 관련된 업종을 알아보겠습니다. 재성은 만세력에서 편재와 정재로 나타나고, 재財의 재財는 정인과 편인으로 나타납니다. 재물은 일간이 극하는 오행이고, 재물이 극하는 것을 재財의 재財로 봅니다.

# 갑목(甲木) 일간과 을목(乙木) 일간

| 편재 | 일원 | 정재 | 상관 | | 정관 | 일원 | 정인 | 정인 |
|:---:|:---:|:---:|:---:|:---:|:---:|:---:|:---:|:---:|
| 戊 | 甲 | 己 | 丁 | | 庚 | 乙 | 壬 | 壬 |
| 辰 | 子 | 酉 | 卯 | | 辰 | 未 | 寅 | 寅 |
| 편재 | 정인 | 정관 | 겁재 | | 정재 | 편재 | 겁재 | 겁재 |

갑목 일간                                              을목 일간

## 기본 성격

갑목甲木과 을목乙木은 목木이므로 재물은 토土가 되고, 재財의 재財
는 수水가 됩니다.

## 일차적으로 공략할 업종: 토(土)

토土와 관련된 것이 갑목甲木과 을목乙木에게 돈이 되는 일입니다.
비철금속 중 시멘트, 토목 중심의 건설, 교육, 중국 관련주 등에 우선
적으로 투자하면 좋습니다.

## 이차적으로 공략할 업종: 수(水)

수水와 관련된 것이 갑목甲木과 을목乙木에게 재財의 재財가 됩니다.
그러므로 음·식료, 유통, 홈쇼핑, 해운, 건강식품, 조선, 러시아 관련
주 등에 이차적으로 투자하면 좋습니다.

# 병화(丙火) 일간과 정화(丁火) 일간

| 정관 | 일원 | 정재 | 정인 |
|---|---|---|---|
| 癸 | 丙 | 辛 | 乙 |
| 巳 | 辰 | 巳 | 丑 |
| 비견 | 식신 | 비견 | 상관 |

병화 일간

| 편인 | 일원 | 정관 | 편재 |
|---|---|---|---|
| 乙 | 丁 | 壬 | 辛 |
| 巳 | 卯 | 辰 | 巳 |
| 겁재 | 편인 | 상관 | 겁재 |

정화 일간

## 기본 성격

병화丙火와 정화丁火는 화火이므로 재물은 금金이 되고, 재財의 재財는 목木이 됩니다.

## 일차적으로 공략할 업종: 금(金)

금金과 관련된 것이 병화丙火와 정화丁火에게 돈이 되는 일입니다. 의약품, 바이오, 비금속광물, 철강금속, 기계, 전기·전자, 의료 정밀, 운수·장비, 조선, 육상 운송, 금융, 증권, 보험, 반도체, 방위 산업, 미국 기업 관련주 등에 우선적으로 투자하면 좋습니다.

## 이차적으로 공략할 업종: 목(木)

목木과 관련된 것이 병화丙火와 정화丁火에게 재財의 재財가 됩니다. 그러므로 섬유·의복, 종이·목재, 건축 중심의 건설, 출판 매체, 가구, 교육 등에 이차적으로 투자하면 좋습니다.

## 무토(戊土) 일간과 기토(己土) 일간

| 상관 | 일원 | 겁재 | 편관 | | 편관 | 일원 | 비견 | 식신 |
|---|---|---|---|---|---|---|---|---|
| 辛 | 戊 | 己 | 甲 | | 乙 | 己 | 己 | 辛 |
| 酉 | 申 | 巳 | 子 | | 丑 | 巳 | 亥 | 卯 |
| 상관 | 식신 | 편인 | 정재 | | 비견 | 정인 | 정재 | 편관 |

무토 일간                          기토 일간

## 기본 성격

무토戊土와 기토己土는 토土이므로 재물은 수水가 되고, 재財의 재財는 화火가 됩니다.

## 일차적으로 공략할 업종: 수(水)

수水와 관련된 것이 무토戊土와 기토己土에게 돈이 되는 일입니다. 음·식료, 유통, 홈쇼핑, 해운, 건강식품, 조선, 러시아 관련주 등에 우선적으로 투자하면 좋습니다.

## 이차적으로 공략할 업종: 화(火)

화火와 관련된 것이 무토戊土와 기토己土에게 재財의 재財가 됩니다. 그러므로 화학, 의약품, 전기·전자, 전기·가스, 우주항공, 통신, 방송 서비스, 오락·문화, 게임, 반도체, 엔터테인먼트, 온라인 교육, 2차 전지, 여행 업종, 일본 관련주 등에 이차적으로 투자하면 좋습니다.

## 경금(庚金) 일간과 신금(辛金) 일간

| 편관 | 일원 | 편인 | 정재 |
|---|---|---|---|
| 丙 | 庚 | 戊 | 乙 |
| 戌 | 戌 | 寅 | 酉 |
| 편인 | 편인 | 편재 | 겁재 |

경금 일간

| 편인 | 일원 | 비견 | 겁재 |
|---|---|---|---|
| 己 | 辛 | 辛 | 庚 |
| 丑 | 卯 | 巳 | 午 |
| 편인 | 편재 | 정관 | 편관 |

신금 일간

### 기본 성격

경금庚金과 신금辛金은 금金이므로 재물은 목木이 되고, 재財의 재財는 토土가 됩니다.

### 일차적으로 공략할 업종: 목(木)

목木과 관련된 것이 경금庚金과 신금辛金에게 돈이 되는 일입니다. 섬유·의복, 종이·목재, 건축 중심의 건설, 출판 매체, 가구, 교육 등에 우선적으로 투자하면 좋습니다.

### 이차적으로 공략할 업종: 토(土)

토土와 관련된 것이 경금庚金과 신금辛金에게 재財의 재財가 됩니다. 그러므로 비철금속 중 시멘트, 토목 중심의 건설, 교육, 중국 관련주 등에 이차적으로 투자하면 좋습니다.

## 임수(壬水) 일간과 계수(癸水) 일간

| 상관 | 일원 | 편재 | 상관 |
|------|------|------|------|
| 乙 | 壬 | 丙 | 乙 |
| 巳 | 戌 | 戌 | 未 |
| 편재 | 편관 | 편관 | 정관 |

임수 일간

| 편재 | 일원 | 정재 | 정인 |
|------|------|------|------|
| 丁 | 癸 | 丙 | 庚 |
| 巳 | 巳 | 戌 | 子 |
| 정재 | 정재 | 정관 | 비견 |

계수 일간

## 기본 성격

임수壬水와 계수癸水는 수水이므로 재물은 화火가 되고, 재財의 재財는 금金이 됩니다.

## 일차적으로 공략할 업종: 화(火)

화火와 관련된 것이 임수壬水와 계수癸水에게 돈이 되는 일입니다. 화학, 의약품, 전기·전자, 전기·가스, 우주항공, 통신, 방송 서비스, 오락·문화, 게임, 반도체, 엔터테인먼트, 온라인 교육, 2차 전지, 여행 업종, 일본 관련주 등에 우선적으로 투자하면 좋습니다.

## 이차적으로 공략할 업종: 금(金)

금金과 관련된 것이 임수壬水와 계수癸水에게 재財의 재財가 됩니다. 그러므로 의약품, 바이오, 비금속광물, 철강금속, 기계, 전기·전자, 의료 정밀, 운수·장비, 조선, 육상 운송, 금융, 증권, 보험, 반도체, 방위 산업, 미국 기업 관련주 등에 이차적으로 투자하면 좋습니다.

## 일간과 관성,
## 그리고 관의 관

주식 투자는 일반적으로 재물을 얻는 행위이므로 재성을 중심으로 해석하는 것이 옳습니다. 그러나 사람이 살아가는 데 있어 재물과 명예는 동전의 양면과 같습니다. 따라서 재財의 재財와 더불어 '관官의 관官'도 함께 알아보겠습니다. 이는 무재사주이며, 재財의 재財로도 재성이 이어지지 않는 사람에게 유용할 수 있습니다.

| 비견 | 일원 | 편관 | 식신 |
|------|------|------|------|
| 壬 | 壬 | 戊 | 甲 |
| 寅 | 寅 | 辰 | 辰 |
| 식신 | 식신 | 편관 | 편관 |

예를 들어 임수壬水 일간인 이 사주는 재성인 화火도 없고, 재財의 재財인 금金도 없어 재성을 따라 투자할 수 없는 상황입니다. 이런 경우 관성인 토土, 그리고 관官의 관官인 목木을 이용하여 업종을 선택할 수 있습니다.

# 갑목(甲木) 일간과 을목(乙木) 일간

| 편재 | 일원 | 정재 | 상관 | | 정관 | 일원 | 정인 | 정인 |
|---|---|---|---|---|---|---|---|---|
| 戊 | 甲 | 己 | 丁 | | 庚 | 乙 | 壬 | 壬 |
| 辰 | 子 | 酉 | 卯 | | 辰 | 未 | 寅 | 寅 |
| 편재 | 정인 | 정관 | 겁재 | | 정재 | 편재 | 겁재 | 겁재 |

갑목 일간                             을목 일간

## 기본 성격

갑목甲木과 을목乙木은 목木이므로 관성은 금金이 되고, 관官의 관官
은 화火가 됩니다.

## 일차적으로 공략할 업종: 금(金)

금金과 관련된 것이 갑목甲木과 을목乙木에게 명예가 되는 일입니다.
의약품, 바이오, 비금속광물, 철강금속, 기계, 전기·전자, 의료 정밀, 운
수·장비, 조선, 육상 운송, 금융, 증권, 보험, 반도체, 방위 산업, 미국
기업 관련주 등에 우선적으로 투자하면 좋습니다.

## 이차적으로 공략할 업종: 화(火)

화火와 관련된 것이 갑목甲木과 을목乙木에게 관官의 관官이 됩니다.
그러므로 화학, 의약품, 전기·전자, 전기·가스, 우주항공, 통신, 방송 서
비스, 오락·문화, 게임, 반도체, 엔터테인먼트, 온라인 교육, 2차 전지,
여행 업종, 일본 관련주 등에 이차적으로 투자하면 좋습니다.

# 병화(丙火) 일간과 정화(丁火) 일간

| 정관 | 일원 | 정재 | 정인 |
|------|------|------|------|
| 癸 | 丙 | 辛 | 乙 |
| 巳 | 辰 | 巳 | 丑 |
| 비견 | 식신 | 비견 | 상관 |

병화 일간

| 정인 | 일원 | 정관 | 편재 |
|------|------|------|------|
| 甲 | 丁 | 壬 | 辛 |
| 辰 | 卯 | 辰 | 巳 |
| 상관 | 편인 | 상관 | 겁재 |

정화 일간

## 기본 성격

병화丙火와 정화丁火는 화火이므로 관성은 수水가 되고, 관官의 관官
은 토土가 됩니다.

## 일차적으로 공략할 업종: 수(水)

수水와 관련된 것이 병화丙火와 정화丁火에게 명예가 되는 일입니다.
음·식료, 유통, 홈쇼핑, 해운, 건강식품, 조선, 러시아 관련주 등에 우선
적으로 투자하면 좋습니다.

## 이차적으로 공략할 업종: 토(土)

토土와 관련된 것이 병화丙火와 정화丁火에게 관官의 관官이 됩니다.
그러므로 비철금속 중 시멘트, 토목 중심의 건설, 교육, 중국 관련주
등에 이차적으로 투자하면 좋습니다.

# 무토(戊土) 일간과 기토(己土) 일간

| 상관 | 일원 | 겁재 | 편관 | | 편관 | 일원 | 비견 | 식신 |
|---|---|---|---|---|---|---|---|---|
| 辛 | 戊 | 己 | 甲 | | 乙 | 己 | 己 | 辛 |
| 酉 | 申 | 巳 | 子 | | 丑 | 巳 | 亥 | 卯 |
| 상관 | 식신 | 편인 | 정재 | | 비견 | 정인 | 정재 | 편관 |

무토 일간      기토 일간

## 기본 성격

무토戊土와 기토己土는 토土이므로 관성은 목木이 되고, 관官의 관官은 금金이 됩니다.

## 일차적으로 공략할 업종: 목(木)

목木과 관련된 것이 무토戊土와 기토己土에게 명예가 되는 일입니다. 섬유·의복, 종이·목재, 건축 중심의 건설, 출판 매체, 가구, 교육 등에 우선적으로 투자하면 좋습니다.

## 이차적으로 공략할 업종: 금(金)

금金과 관련된 것이 무토戊土와 기토己土에게 관官의 관官이 됩니다. 그러므로 의약품, 바이오, 비금속광물, 철강금속, 기계, 전기·전자, 의료 정밀, 운수·장비, 조선, 육상 운송, 금융, 증권, 보험, 반도체, 방위 산업, 미국 기업 관련주 등에 이차적으로 투자하면 좋습니다.

# 경금(庚金) 일간과 신금(辛金) 일간

| 편관 | 일원 | 편인 | 정재 |
|---|---|---|---|
| 丙 | 庚 | 戊 | 乙 |
| 戌 | 戌 | 寅 | 酉 |
| 편인 | 편인 | 편재 | 겁재 |

경금 일간

| 편인 | 일원 | 비견 | 겁재 |
|---|---|---|---|
| 己 | 辛 | 辛 | 庚 |
| 丑 | 卯 | 巳 | 午 |
| 편인 | 편재 | 정관 | 편관 |

신금 일간

## 기본 성격

경금庚金과 신금辛金은 금金이므로 관성은 화火가 되고, 관官의 관官은 수水가 됩니다.

## 일차적으로 공략할 업종: 화(火)

화火와 관련된 것이 경금庚金과 신금辛金에게 명예가 되는 일입니다. 화학, 의약품, 전기·전자, 전기·가스, 우주항공, 통신, 방송 서비스, 오락·문화, 게임, 반도체, 엔터테인먼트, 온라인 교육, 2차 전지, 여행 업종, 일본 관련주 등에 우선적으로 투자하면 좋습니다.

## 이차적으로 공략할 업종: 수(水)

수水와 관련된 것이 경금庚金과 신금辛金에게 관官의 관官이 됩니다. 그러므로 음·식료, 유통, 홈쇼핑, 해운, 건강식품, 조선, 러시아 관련주 등에 이차적으로 투자하면 좋습니다.

# 임수(壬水) 일간과 계수(癸水) 일간

| 상관 | 일원 | 편재 | 상관 | | 편재 | 일원 | 정재 | 정인 |
|------|------|------|------|---|------|------|------|------|
| 乙 | 壬 | 丙 | 乙 | | 丁 | 癸 | 丙 | 庚 |
| 巳 | 戌 | 戌 | 未 | | 巳 | 巳 | 戌 | 子 |
| 편재 | 편관 | 편관 | 정관 | | 정재 | 정재 | 정관 | 비견 |

임수 일간                  계수 일간

## 기본 성격

임수壬水와 계수癸水는 수水이므로 관성은 토土가 되고, 관官의 관官은 목木이 됩니다.

## 일차적으로 공략할 업종: 토(土)

토土와 관련된 것이 임수壬水와 계수癸水에게 명예가 되는 일입니다. 비철금속 중 시멘트, 토목 중심의 건설, 교육, 중국 관련주 등에 우선적으로 투자하면 좋습니다.

## 이차적으로 공략할 업종: 목木

목木과 관련된 것이 임수壬水와 계수癸水에게 관官의 관官이 됩니다. 그러므로 섬유·의복, 종이·목재, 건축 중심의 건설, 출판 매체, 가구, 교육 등에 이차적으로 투자하면 좋습니다.

## 어린 시절 재성 대운이 오는 사주의 특징

사람의 삶에서 재물운이 오는 것은 결코 나쁜 일이 아닙니다. 그러나 그 재물운이 중·고등학교를 다니는 학창 시절에 온다면 어떤 의미가 될까요? 학생 신분으로 재물운이 온다는 것은 다른 의미를 가질 수 있습니다. 특히, 가족 중 아직 학교에 다니는 자녀가 있다면 재물운이 올 때 각별히 신경 써야 할 것은 무엇인지 알아보겠습니다.

재물운은 남성과 여성에게 조금 다른 의미를 가집니다. 남성에게는 재물이 말 그대로 재물이 될 수도 있지만, 이성이 될 수도 있습니다. 그러므로 남성과 여성을 구분하여 알아보겠습니다.

## 남성

| 비견 | 일원 | 편관 | 겁재 |
|---|---|---|---|
| 戊 | 戊 | 甲 | 己 |
| 午 | 辰 | 戌 | 亥 |
| 정인 | 비견 | 비견 | 편재 |

| 木(1) | 火(1) | 土(5) | 金(0) | 水(1) |
|---|---|---|---|---|
| 丙己丁 | 乙癸戊 | 辛丁戊 | | 戊甲壬 |

| 81 | 71 | 61 | 51 | 41 | 31 | 21 | 11 | 1.3 |
|---|---|---|---|---|---|---|---|---|
| 乙 | 丙 | 丁 | 戊 | 己 | 庚 | 辛 | 壬 | 癸 |
| 丑 | 寅 | 卯 | 辰 | 巳 | 午 | 未 | 申 | 酉 |

이 사주는 무토戊土 일간이며, 20세 이전에 재성 대운을 맞이했습니다. 남성의 사주이므로 재성 대운의 가능성은 다음과 같습니다.

첫째, 어릴 때부터 아르바이트 등 돈을 벌기 위해 일했을 가능성이 큽니다.

둘째, 준雉 무재사주로 친구들과 이성 친구를 만나러 다녔을 가능성이 큽니다.

셋째, 이성 친구를 만나지 않았더라도 공부보다는 친구들과 어울려 다니면서 노는 것에 더 큰 관심을 두었을 가능성이 있습니다.

## 여성

| 편관 | 일원 | 식신 | 편관 |
|------|------|------|------|
| 己 | 癸 | 乙 | 己 |
| 未 | 未 | 亥 | 巳 |
| 편관 | 편관 | 겁재 | 정재 |

| 木(1) | 火(1) | 土(4) | 金(0) | 水(2) |
|-------|-------|-------|-------|-------|
| 丁乙己 | | 丁乙己 | 戊甲壬 | 戊庚丙 |

| 86 | 76 | 66 | 56 | 46 | 36 | 26 | 16 | 6.0 |
|----|----|----|----|----|----|----|----|-----|
| 甲 | 癸 | 壬 | 辛 | 庚 | 己 | 戊 | 丁 | 丙 |
| 申 | 未 | 午 | 巳 | 辰 | 卯 | 寅 | 丑 | 子 |

이 사주는 계수癸水 일간으로 25세 이전까지 재물운을 맞이했습니다. 여성에게는 재물운은 말 그대로 재물과 관련된 일이 됩니다. 여성의 사주이므로 재성 대운의 가능성은 다음과 같습니다.

첫째, 집안 사정으로 돈을 벌기 위해 어릴 때부터 아르바이트 등의 일을 했을 가능성이 큽니다.

둘째, 공부보다는 친구들과 어울려 다니면서 노는 것에 더 많은 관심을 가졌을 가능성이 큽니다.

이렇게 어릴 때 재성 대운이 오면 공부보다는 다른 곳에 더 큰 관심을 보이게 됩니다. 따라서 자녀가 공부를 등한시하는 경우, 재성 대운이 온 것은 아닌지 살펴보는 것이 좋습니다. 사주팔자대로 살아간다는 말이 있듯이 아이들이 하고 싶은 일을 할 수 있도록 지원해 주는 것도 하나의 방법이 될 수 있을 것입니다.

# 제9장

# 절대
# 주식 투자를 해서는
# 안 되는 시기

※ 사주명리로 부자되기, 주식 투자 치트키 ※

# 사주로 풀어보는
# 아모레퍼시픽그룹의
# 서경배 회장

**서경배**
Suh Kyung-Bae
아모레퍼시픽그룹 회장

아모레퍼시픽그룹의 서경배 회장은 우리나라 화장품의 고급화와 K-Beauty 열풍을 이끈 인물입니다. 프랑스와 일본 제품이 전세계 화장품 시장을 장악하고 있던 시기에 서경배 회장은 설화수 브랜드를 비롯해 글로벌 시장에서도 통할 수 있는 제품을 내놓았습니다. 서경배 회장의 사주를 통해 아모레퍼시픽그룹의 앞날을 함께 가늠해 보겠습니다.

## 서경배 회장은 어떤 사람인가?

| 겁재 | 일원 | 편재 | 상관 |
|---|---|---|---|
| 辛 | 庚 | 甲 | 癸 |
| 巳 | 辰 | 寅 | 卯 |
| 편관 | 편인 | 편재 | 정재 |

| 木(3) | 火(1) | 土(1) | 金(2) | 水(1) |
|---|---|---|---|---|
| 戊庚丙 | 乙癸戊 | 戊丙甲 | 甲乙 | |

| 81 | 71 | 61 | 51 | 41 | 31 | 21 | 11 | 0.6 |
|---|---|---|---|---|---|---|---|---|
| 乙 | 丙 | 丁 | 戊 | 己 | 庚 | 辛 | 壬 | 癸 |
| 巳 | 午 | 未 | 申 | 酉 | 戌 | 亥 | 子 | 丑 |

서경배의 사주

　서경배 회장은 큰 칼과 같은 인물입니다. 큰 칼은 강력한 권한으로 사람을 살리거나 죽일 수 있는 능력을 가진 사람을 가리키므로 서경배 회장은 권력에 강한 집념을 가진 사람으로 볼 수 있습니다. 금金은 물에서 놀아야 능력을 발휘할 수 있으므로 큰 칼이 능력을 발휘하기 위해서는 먼저 물이 필요합니다. 그리고 손잡이가 있어야 그 칼을 마음대로 사용할 수 있습니다. 불은 가까이 있지 않는 것이 좋은데, 그런 점에서 서경배 회장의 사주는 능력을 충분히 발휘할 수 있는 조건이 잘 갖춰진 것으로 평가됩니다. 금金은 문과의 경우에는 법, 경제, 경영 분야에서, 이과의 경우에는 생명공학, IT 등과 같은 분야에서 능력을 발휘할 수 있을 것으로 예상됩니다.

## 오행 분석

이 사주는 오행이 고르게 자리잡고 있습니다. 천간에 재성이 강하게 드러나 있으며, 관성은 지지에 감춰져 있어 큰 칼에 안성맞춤인 사주 구성입니다.

## 사주 해석

이 사주는 큰 칼인 경금庚金 일간에 계수癸水가 있어 칼을 날카롭게 벼를 수 있으며, 큰 나무인 갑목甲木이 손잡이 역할을 하므로 재운이 강하게 드러난 사주입니다. 인생의 목표는 재성을 따라 가는 것이라면, 이는 목木이 의미하는 '사람을 다루는 경영 행위'를 통해 달성할 수 있습니다. 특히 지지에 인묘진寅卯辰으로 재물의 뿌리가 탄탄한 것으로 보아 재물운이 타고난 사람으로 볼 수 있습니다. 관성은 지지에 사화巳火가 있어 신금辛金을 안테나 삼아 관을 끌어올 수 있으니, 부하 직원들과 협력하면 명예도 높아지는 사주입니다. 경금庚金은 큰 칼이고, 신금辛金은 작은 칼이니, 신금辛金은 경금庚金의 부하로 볼 수 있습니다.

## 대운 분석

오행이 균형을 이루고 있으며, 능력 발휘가 잘 될 수 있는 조건을 갖춘 사주는 대운의 흐름에 따라가는 경향이 있습니다. 서경배 회장은 21세 신해辛亥 대운에 속한 1987년 정유丁酉년에 안테나 역할을 하는 신금辛金이 병화丙火를 관성으로 끌어오면서 태평양화학에 입사

했으며, 31세 경술庚戌 대운에 속한 1997년 정축丁丑년에 34세의 나이로 대표이사에 오릅니다. 이후 41세 기유己酉 대운에서 기토己土와 갑목甲木이 합쳐지고, 이것이 다시 일간과 합쳐져 태양을 강하게 끌어들이며 승승장구합니다. 51세 무신戊申 대운에는 재성이 큰 땅에 심어져 뿌리를 확실히 내릴 수 있는 터전이 마련됩니다. 61세 정미丁未 대운과 71세 병오丙午 대운에서는 명예를 드높일 수 있는 운으로 흘러가므로 아모레퍼시픽그룹의 명예는 20년 이상 이어질 수 있을 것으로 보입니다.

# 일간이 묶이는 시기에는 주식 투자를 하지 마라

주식 투자를 통해 수익을 낼 수 있는 객관적인 확률은 몇 %일까요? 흔히 투자자들은 주가가 오르면 수익을 내고, 주가가 내리면 손실을 보는 것이라 생각하여 주식 투자에서의 수익 가능성을 50 : 50으로 평가합니다. 그러나 이는 주식이라는 금융 투자 상품의 본질을 알지 못해 내린 잘못된 판단입니다. 왜냐하면 가격의 움직임은 매우 유동적이기 때문입니다. 따라서 주식 시장은 다음과 같이 이해할 수 있습니다.

| 주가 움직임 | 투자손익 | 확률 |
| --- | --- | --- |
| 오른다 | 수익 | 1/3 |
| 내린다 | 손실 | 1/3 |
| 움직이지 않는다(보합) | 손실(매매비용) | 1/3 |

이러한 조건에서 주식 투자의 기대수익률을 계산하면 마이너스 값이 나옵니다. 즉, 주식 투자는 매매비용으로 인해 장기간 투자 시 완만하게 손실을 입게 되는 것이죠. 이는 주식 투자로 돈을 벌기 어렵다는 것을 반증하는 사례입니다.

따라서 투자에 앞서 신체적으로 최상의 컨디션을 유지해야 하는 것은 물론, 명과 운을 따지는 사주명리에서도 최상의 컨디션을 유지할 수 있을 때 투자에 나서야 합니다. 특히 컨디션이 좋지 않을 때는 절대 투자에 나서지 말아야 하는데, 그 중 첫 번째 사례가 바로 일간이 묶이는 때입니다.

일간이 묶인다는 것은 일간이 천간합을 통해 합이 되는 것을 의미합니다. 즉, 갑기합甲己合, 을경합乙庚合, 병신합丙辛合, 정임합丁壬合, 무계합戊癸合 등을 통해 합이 되는 경우를 일간이 묶인다고 표현하는 것이죠.

사주에서 일간이 묶인다는 것은 능력 발휘가 쉽지 않다는 것을 의미합니다. 즉, 100%의 노력을 기울여도 성과는 70~80% 밖에 발휘되지 않는 것입니다. 쉽게 설명하면 100미터 달리기를 하는데 다른 사람들은 그냥 뛰지만 일간이 묶인 사람은 2인 3각을 하듯 달려야 하므로 능력 발휘가 어렵다는 것이라 할 수 있습니다.

일간이 묶이는 경우는 일간과 같은 글자가 없는 상태에서 합이 되는 글자가 오는 것으로, 다음과 같은 경우입니다.

| 상관 | 일원 | 겁재 | 편관 |
|------|------|------|------|
| 辛 | 戊 | 己 | 甲 |
| 酉 | 申 | 巳 | 子 |
| 상관 | 식신 | 편인 | 정재 |

| 木(1) | 火(1) | 土(2) | 金(3) | 水(1) |
|-------|-------|-------|-------|-------|

| 庚 辛 | 戊 壬 庚 | 戊 庚 丙 | 壬 癸 |

| 87 | 77 | 67 | 57 | 47 | 37 | 27 | 17 | 7.3 |
|----|----|----|----|----|----|----|----|-----|
| 戊 | 丁 | 丙 | 乙 | 甲 | 癸 | 壬 | 辛 | 庚 |
| 寅 | 丑 | 子 | 亥 | 戌 | 酉 | 申 | 未 | 午 |

이 사주는 메타의 설립자 마크 저커버그의 사주입니다. 무토戊土 일간으로 대운에 계수癸水가 오고, 무계합戊癸合이 되면서 일간이 묶였습니다. 이 경우 일이 잘 진행되지 않는데, 주식투보다는 채권투자, 적금 가입과 같이 보수적으로 자산을 운용해야 합니다. 또 다른 사례를 통해 일간이 묶이는 것을 살펴보겠습니다.

| 편재 | 일원 | 상관 | 상관 |
|---|---|---|---|
| 乙 | 辛 | 壬 | 壬 |
| 未 | 未 | 寅 | 申 |
| 편인 | 편인 | 정재 | 겁재 |

| 木(2) | 火(0) | 土(2) | 金(2) | 水(2) |
|---|---|---|---|---|
| 丁乙己 | 丁乙己 | 戊丙甲 | 戊壬庚 | |

| 83 | 73 | 63 | 53 | 43 | 33 | 23 | 13 | 3.0 |
|---|---|---|---|---|---|---|---|---|
| 辛 | 庚 | 己 | 戊 | 丁 | 丙 | 乙 | 甲 | 癸 |
| 亥 | 戌 | 酉 | 申 | 未 | 午 | 巳 | 辰 | 卯 |

이 사주는 신금辛金일간으로 33세 병오丙午대운에 일간이 병신합丙辛合으로 묶이게 됩니다. 이 경우 취업 활동이나 재테크 등에 차질이 있을 수 있습니다. 따라서 일간이 묶였을 때는 적극적인 활동보다는 보수적으로 움직일 필요가 있습니다.

# 천간의 재물이
# 합이 되는 경우에는
# 주식 투자를 하지 마라

재성이 묶이는 것은 돈벌이가 쉽지 않다는 것을 의미합니다. 갑甲, 병丙, 무武, 경庚, 임壬과 같은 양의 글자가 합쳐질 경우 음의 글자인 을乙, 정丁, 기己, 신辛, 계癸로 재물의 크기가 줄어들게 됩니다. 이는 재물로 인해 고통을 당하게 된다는 것을 의미합니다. 음의 글자인 을乙, 정丁, 기己, 신辛, 계癸가 합쳐지면 더 나아가 사라질 수 있습니다. 이때 투자에 나선다면 자칫 큰 손실을 입을 수 있으므로 이 상황에서는 아끼고 모으는 전략이 필요합니다. 재성이 합쳐지는 사례를 살펴보겠습니다.

| 상관 | 일원 | 편재 | 상관 |
|:---:|:---:|:---:|:---:|
| 乙 | 壬 | 丙 | 乙 |
| 巳 | 戌 | 戌 | 未 |
| 편재 | 편관 | 편관 | 정관 |

| 木(2) | 火(2) | 土(3) | 金(0) | 水(1) |
|:---:|:---:|:---:|:---:|:---:|
| 戊庚丙 | 辛丁戊 | 辛丁戊 | 丁乙己 | |

| 86 | 76 | 66 | 56 | 46 | 36 | 26 | 16 | 6.3 |
|:---:|:---:|:---:|:---:|:---:|:---:|:---:|:---:|:---:|
| 丁 | 戊 | 己 | 庚 | 辛 | 壬 | 癸 | 甲 | 乙 |
| 丑 | 寅 | 卯 | 辰 | 巳 | 午 | 未 | 申 | 酉 |

　이는 마이크로소프트 설립자인 빌 게이츠의 사주로, 일간은 임수壬水이며, 재성은 병화丙火입니다. 그런데 46세 신사辛巳 대운에 신금辛金이 재성인 병화丙火를 합으로 묶어 버리는 일이 발생합니다. 이때부터 빌 게이츠의 재테크나 사업이 잘 풀리지 않았고, 그는 마이크로소프트 회장직에서의 은퇴까지 생각할 정도로 수세에 몰리게 되었습니다.

| 비견 | 일원 | 편재 | 식신 |
|------|------|------|------|
| 庚 | 庚 | 甲 | 壬 |
| 辰 | 寅 | 辰 | 子 |
| 편인 | 편재 | 편인 | 상관 |

| 木(2) | 火(0) | 土(2) | 金(2) | 水(2) |
|-------|-------|-------|-------|-------|

| 乙癸戊 | 戊丙甲 | 乙癸戊 | 壬癸 |
|--------|--------|--------|------|

| 88 | 78 | 68 | 58 | 48 | 38 | 28 | 18 | 8.0 |
|----|----|----|----|----|----|----|----|-----|
| 乙 | 丙 | 丁 | 戊 | 己 | 庚 | 辛 | 壬 | 癸 |
| 未 | 申 | 酉 | 戌 | 亥 | 子 | 丑 | 寅 | 卯 |

이 사주는 경금庚金 일간에 재성인 갑목甲木이 갑기합甲己合으로 묶이는 사주입니다. 경금庚金에게 갑목甲木은 재물입니다. 그런데 이 사주는 48세 기해己亥 대운에 기토己土가 재성인 갑목甲木을 묶는 일이 발생하여 이때부터 재물로 인한 고통이 시작됩니다. 실제로 이는 한 병원 원장의 사주로 재성이 묶인 이후 코로나19가 창궐하면서 병원 운영이 어려워졌습니다.

이렇게 일간이나 재성이 묶이면, 성공 확률이 매우 떨어지기 때문에 나쁜 대운이 지나갈 때까지 적극적으로 사업을 벌이거나 재테크를 해서는 안 됩니다. 그러나 이런 대운에서도 합이 된 글자와 같은 글자가 들어오는 해에는 합이 풀려 투자가 가능합니다. 예를 들어 갑기합甲己合이 된 대운에서 갑목甲木이나 기토己土가 들어가는 해가 되면 합이 풀리는 것으로 봅니다. 병신합丙辛合이 되는 대운에서도 병화 병화丙火나 신금辛金의 해가 되면 합이 풀릴 수 있습니다. 아무리 나에게 좋지 않은 대운이 오더라도 7 : 3 또는 8 : 2 정도의 효과가 있으므로 때를 기다리면서 투자하는 것이 중요합니다.

## 탁수가 되는 시기에는
## 돈을 벌어도 괴롭게 된다

재물이 쌓이면 모든 것이 좋을 것 같지만, 실제로 재물이 들어와서 삶이 망가지기도 합니다. 흔한 예로 복권 1등에 당첨되어 수십억 원의 당첨금을 받았지만, 그로 인해 삶이 망가져 노숙 생활을 하는 사람의 기사를 심심찮게 읽을 수 있죠. 이것은 재물이 주는 폐해의 경고등과 같습니다. 사주가 탁해지는 것은 천간에서 벌어질 수도 있고, 지지에서 벌어질 수도 있습니다. 이럴 때는 돈을 벌기도 어렵지만, 만약 돈을 번다고 해도 그것이 오히려 본인을 괴롭히는 일이 될 수 있습니다. 예를 들어 돈을 벌었지만 그로 인해 법정에 서게 되거나, 가정 불화가 심해지는 경우 등을 말합니다.

## 천간이 탁해지는 경우

천간에 목木이 없는 상태에서 무계합戊癸合이 되면 천간이 탁수가 됩니다. 사주가 탁해지면 능력 발휘가 어렵습니다.

| 편인 | 일원 | 겁재 | 겁재 |
|---|---|---|---|
| 辛 | 癸 | 壬 | 壬 |
| 酉 | 未 | 寅 | 辰 |
| 편인 | 편관 | 상관 | 정관 |

| 木(1) | 火(0) | 土(2) | 金(2) | 水(3) |
|---|---|---|---|---|

| 庚辛 | 丁乙己 | 戊丙甲 | 乙癸戊 |
|---|---|---|---|

| 89 | 79 | 69 | 59 | 49 | 39 | 29 | 19 | 9.0 |
|---|---|---|---|---|---|---|---|---|
| 辛 | 庚 | 己 | 戊 | 丁 | 丙 | 乙 | 甲 | 癸 |
| 亥 | 戌 | 酉 | 申 | 未 | 午 | 巳 | 辰 | 卯 |

이 사주는 천간에 목木이 없는 계수癸水 일간입니다. 59세 무신戊申 대운이 되면서 무계합戊癸合으로 일간이 묶이는 것과 동시에 탁수가 되었습니다. 이때 무슨 일이 벌어졌을까요? 해당 사주는 한 회사의 경영자로, 횡령과 배임 혐의로 구속되는 일이 벌어졌습니다. 이후에도 이 대운이 지나갈 때까지 탁한 일은 계속해서 나타납니다. 이렇듯 탁한 사주란 좋지 않은 운으로 흐를 수 있습니다.

## 지지가 탁수가 되는 경우

천간의 탁수와 마찬가지로, 지지에서도 탁수가 되면 좋지 않은 일이 나타납니다. 지지의 탁수는 글자 중 신자진申子辰과 해자축亥子丑이 겹쳐서 나타날 때 이루어집니다. 특히 토土의 글자 중 진토辰土와 축토丑土는 축축한 땅으로, 진흙 내지는 갯벌과 같이 물이 들어오면 바로 흙탕물이 되는 경우를 말합니다. 이럴 때도 사주가 탁해진다고 할 수 있습니다.

이 사주는 지지에 해수亥水, 신금申金, 자수子水가 있는 상태에서 47세 기축己丑 대운에 축토丑土가 오면서 해자축亥子丑, 신자진申子辰이 형성되어 탁수가 되었습니다. 사주적으로는 천간의 갑목甲木 세 개와 기토己土가 합이 되면서 재물을 많이 모으는 사주이지만, 지지가 탁해지면서 탁한 일을 하게 됩니다. 이는 테슬라의 창립자인 일론 머스크의 사주로, 이 시기에 회사 돈으로 비트코인을 사들이고, 트위터를 매수하는 등 주주들에게 친화적이지 않은 일을 벌입니다.

특히 지지가 탁수가 되면 재물이 탁해질 수 있습니다. 예를 들어 무토戊土, 기토己土 일간은 수水가 재물을 의미하는데, 탁수가 되어 재물이 탁해지면 재물로 인해 엄청난 고통을 겪게 될 수 있습니다.

| 정재 | 일원 | 상관 | 편인 |
|------|------|------|------|
| 癸 | 戊 | 辛 | 丙 |
| 亥 | 午 | 丑 | 子 |
| 편재 | 정인 | 겁재 | 정재 |

| 木(0) | 火(2) | 土(2) | 金(1) | 水(3) |
|-------|-------|-------|-------|-------|

| 戊甲壬 | 丙己丁 | 癸辛己 | 壬癸 |
|--------|--------|--------|------|

| 81 | 71 | 61 | 51 | 41 | 31 | 21 | 11 | 1.3 |
|----|----|----|----|----|----|----|----|-----|
| 庚 | 己 | 戊 | 丁 | 丙 | 乙 | 甲 | 癸 | 壬 |
| 戌 | 酉 | 申 | 未 | 午 | 巳 | 辰 | 卯 | 寅 |

이 사주는 무토戊土 일간으로 수水가 재성이며, 지지에 해자축亥子丑이 완성되어 있습니다. 61세 무신戊申 대운이 되면 신자진申子辰이 촉발되어 지지가 탁수가 되고, 이는 재물이 탁해지는 결과를 가져옵니다. 이는 대우그룹 김우중 회장의 사주로, 이때 그는 IMF 외환위기로 대우그룹이 공중분해되는 어려움을 겪었습니다.

주식 투자에 성공하기 위해서 어느 정도 어두운 사주가 좋지만, 그렇다고 해서 탁수가 된 사주가 좋은 것은 아닙니다.

## 지지충이 이루어지는 때는
## 주식 투자를 하지 마라

사주의 구성 요소 중 천간은 삶의 목표이고, 지지는 행동 방향입니다. 그런데 지지에 특별한 글자들이 모이면 행동이 매우 부자연스러워질 수 있습니다. 일간이 합으로 묶이면 100미터 달리기에서 2인 3각을 하듯이 움직인다고 했는데, 지지도 그런 효과를 가져올 수 있습니다. 따라서 다음과 같은 일이 생기면 절대 주식 투자에 나서서는 안 됩니다.

### 인신사해(寅申巳亥)

지지에 네 글자 중 세 글자 이상의 조합은 삶에 큰 변동이 생기는 경우가 많습니다. 예를 들어 이사, 이직, 이별 혹은 좋은 의미로 개혁적인 일이 일어날 수 있습니다. 과거에는 인신사해寅申巳亥를 역마가 들어있는 글자로 보았지만, 현재는 그렇게 해석하지 않습니다.

주식 투자는 결코 서둘러서는 안 되는 게임입니다. 투자에 나설 때는 불편한 일이 생길 가능성은 배제한 채 나서야 합니다. 그럼에도 불구하고 인신사해寅申巳亥와 같은 글자 조합에 걸릴 경우에는 그 성과를 장담할 수 없게 됩니다.

인신사해寅申巳亥는 생지의 글자로, 서로 부딪히는 성향을 가지고 있습니다. 이는 속 시끄러운 글자들의 조합이라는 뜻입니다.

| 비견 | 일원 | 비견 | 정관 |
|---|---|---|---|
| 甲 | 甲 | 甲 | 辛 |
| 子 | 申 | 午 | 亥 |
| 정인 | 편관 | 상관 | 편인 |

| 木(3) | 火(1) | 土(0) | 金(2) | 水(2) |
|---|---|---|---|---|
| 壬癸 | 戊壬庚 | 丙己丁 | 戊甲壬 | |

| 87 | 77 | 67 | 57 | 47 | 37 | 27 | 17 | 7.3 |
|---|---|---|---|---|---|---|---|---|
| 乙 | 丙 | 丁 | 戊 | 己 | 庚 | 辛 | 壬 | 癸 |
| 酉 | 戌 | 亥 | 子 | 丑 | 寅 | 卯 | 辰 | 巳 |

| 2022 | 2021 | 2020 | 2019 | 2018 | 2017 | 2016 | 2015 | 2014 | 2013 | 20 |
|---|---|---|---|---|---|---|---|---|---|---|
| 壬 | 辛 | 庚 | 己 | 戊 | 丁 | 丙 | 乙 | 甲 | 癸 | 壬 |
| 寅 | 丑 | 子 | 亥 | 戌 | 酉 | 申 | 未 | 午 | 巳 | 辰 |
| 52 | 51 | 50 | 49 | 48 | 47 | 46 | 45 | 44 | 43 | 4 |

이 사주는 지지에 신금申金과 해수亥水가 있는 상태에서 인목寅木이 오는 해(2022년)를 맞이하여 인신사해寅申巳亥 중 세 글자가 모였습니다. 이는 테슬라의 창립자인 일론 머스크의 사주로, 그 해에 트위터 인수를 통해 논란을 일으켰습니다. 이때 SNS 기업을 인수해서 주주들로부터 많은 원성을 받았고, 회사의 주가가 크게 떨어지는 상황이 발생했습니다.

이처럼 대운이나 세운에서 관련된 글자 조합이 완성되거나 세 개의 글자 중 하나의 글자가 추가되어 인신사해寅申巳亥의 작용이 나타나면 어려운 일이 벌어질 수 있습니다.

## 자오묘유(子午卯酉)

지지를 구성하는 글자 중 왕지에 해당하는 핵심적인 글자들입니다. 이 글자들은 더 이상 좋아질 수 없는 자리에 있으며, 이들이 모이면 성사 직전에 있던 일도 망가지기 쉬울 정도로 아주 위험한 글자 조합입니다. 예를 들어 일간이 묶인 상태에서 자오묘유子午卯酉가 들어오면 심한 경우 큰 수술을 하게 되거나, 송사訟事에 휘말려 법정에 서는 일이 생길 수 있고, 일의 진행이 잘 되지 않는 등의 상황이 벌어질 수 있습니다.

| 정인 | 일원 | 편재 | 편재 |
|---|---|---|---|
| 癸 | 甲 | 戊 | 戊 |
| 酉 | 子 | 午 | 申 |
| 정관 | 정인 | 상관 | 편관 |
| 木(1) | 火(1) | 土(2) | 金(2) | 水(2) |

| 庚辛 | 壬癸 | 丙己丁 | 戊壬庚 |
|---|---|---|---|

| 85 | 75 | 65 | 55 | 45 | 35 | 25 | 15 | 4.6 |
|---|---|---|---|---|---|---|---|---|
| 丁 | 丙 | 乙 | 甲 | 癸 | 壬 | 辛 | 庚 | 己 |
| 卯 | 寅 | 丑 | 子 | 亥 | 戌 | 酉 | 申 | 未 |

| 0222 | 2021 | 2020 | 2019 | 2018 | 2017 | 2016 | 2015 | 2014 | 2013 | 2012 |
|---|---|---|---|---|---|---|---|---|---|---|
| 壬 | 辛 | 庚 | 己 | 戊 | 丁 | 丙 | 乙 | 甲 | 癸 | 壬 |
| 寅 | 丑 | 子 | 亥 | 戌 | 酉 | 申 | 未 | 午 | 巳 | 辰 |

이 사주는 이미 자수子水, 오화午火, 유금酉金의 세 글자가 지지에 들어 있습니다. 이런 경우 비어 있는 글자인 묘목卯木이 들어오거나, 이미 있는 세 글자 중 하나가 들어오면 자오묘유子午卯酉가 작용할 것입니다. 이 사주는 삼성그룹 이재용 회장의 사주로, 2017년 정유丁酉년 국정농단 사건과 관련해서 구속된 사례를 보여줍니다. 이러한 작용이 일어날 때는 주식 투자를 절대 해서는 안 됩니다.

## 진술축미(辰戌丑未)

인신사해寅申巳亥, 자오묘유子午卯酉와 더불어 진술축미辰戌丑未도 그 작용이 나타나면 어려운 일이 생길 수 있습니다. 특히 진술축미辰戌丑未는 지지의 토土 기운이 서로 부딪혀 깨지는 형국으로, 지진이 일어난 것과 같은 상황을 연상시킵니다. 지진이 일어나면 뿌리째 흔들리는데, 어수선한 상황에서 주식 투자를 하는 것은 적절치 않습니다. 특히 진술충辰戌沖이라 하는 진토辰土와 술토戌土의 만남은 용암이 분출하는 것과 같은 작용을 하며, 이 두 글자만으로도 어수선함은 극에 달할 수 있습니다. 또한 사주에 목木이 없으면서 수水가 있는 경우, 진술축미辰戌丑未가 되어 탁수가 될 수 있습니다.

| 상관 | 일원 | 편재 | 상관 |
|---|---|---|---|
| 乙 | 壬 | 丙 | 乙 |
| 巳 | 戌 | 戌 | 未 |
| 편재 | 편관 | 편관 | 정관 |

| 木(2) | 火(2) | 土(3) | 金(0) | 水(1) |
|---|---|---|---|---|

| 戊庚丙 | 辛丁戊 | 辛丁戊 | 丁乙己 |
|---|---|---|---|

| 86 | 76 | 66 | 56 | 46 | 36 | 26 | 16 | 6.3 |
|---|---|---|---|---|---|---|---|---|
| 丁 | 戊 | 己 | 庚 | 辛 | 壬 | 癸 | 甲 | 乙 |
| 丑 | 寅 | 卯 | 辰 | 巳 | 午 | 未 | 申 | 酉 |

| 2018 | 2017 | 2016 | 2015 | 2014 | 2013 | 2012 | 2011 | 2010 | 2009 | 2008 |
|---|---|---|---|---|---|---|---|---|---|---|
| 戊 | 丁 | 丙 | 乙 | 甲 | 癸 | 壬 | 辛 | 庚 | 己 | 戊 |
| 戌 | 酉 | 申 | 未 | 午 | 巳 | 辰 | 卯 | 寅 | 丑 | 子 |
| 64 | 63 | 62 | 61 | 60 | 59 | 58 | 57 | 56 | 55 | 54 |

이 사주는 술토戌土와 미토未土가 있는 상태에서 56세경 진庚辰 대운의 진토辰土로 인해 진술축미辰戌丑未가 작용하기 시작했습니다. 이는 마이크로소프트 설립자인 빌 게이츠의 사주로, 이때 그는 은퇴와 복귀, 그리고 완전 은퇴를 반복합니다. 진술축미辰戌丑未도 세 글자 이상이 모여있을 때, 그중 한 글자를 추가로 만나면 탁수가 되는 작용이 나타나므로 이때를 피해 주식 투자에 나서야 합니다.

# 사주로 보는 우리 아이에게 적합한 전공

주식 투자자 사이에는 다음과 같은 말이 유행입니다.

"세상에는 내 맘대로 안 되는 것이 두 가지가 있다. 하나는 주식이고 다른 하나는 자식이다."

주식과 자식은 마음대로 되지 않습니다. 그러나 이 둘의 차이점은 주식은 손해를 보더라도 끊어낼 수 있지만 자식은 안 된다는 것입니다.

우리가 주식 투자를 하는 이유는 가족과 행복하게 살기 위함입니다. 그중에는 자식을 훌륭하게 키워 제 구실을 할 수 있도록 만들고 싶은 부모의 간절한 마음도 있습니다. 하지만 아이들은 부모의 바람대로 성장하지 않는 경우가 많습니다. 특히 대학 진학에 있어 전공을 정할 때 부모와 갈등을 겪는 경우가 많습니다. 또한, 많은 가정에서 아이가 미래에 무엇을 해야 할지 갈피를 잡지 못해 걱정하기도 합니다.

우리 아이에게 맞는 전공은 사주명리를 통해 찾아볼 수 있습니다. 지금 제시하는 단계를 따라가다 보면 아이의 적성에 맞는 전공을 선택할 수 있을 것입니다.

첫째, 사주는 무엇보다 일간이 중요하며, 일간의 성격을 정확히 알아야 합니다.

둘째, 삶의 목표를 정하기 위해 천간에 재성과 관성이 드러나는지 찾아봐야 합니다.

셋째, 지지를 살펴 어떤 행위를 하는 것이 좋은지 찾아봐야 합니다. 이때 목木, 화火, 토土, 금金, 수水 중 상대적으로 강한 오행을 따라갑니다.

넷째, 재성이나 관성이 드러나지 않은 경우에는 사주에 없는 오행을 확인한 뒤 그 오행에 맞는 전공을 선택합니다.

이 원칙에 따라 사례를 통해 두 아이의 전공을 찾아보겠습니다. 먼저 첫 번째 사례입니다.

| 편재 | 일원 | 정인 | 식신 |
|------|------|------|------|
| 甲 | 庚 | 己 | 壬 |
| 申 | 戌 | 酉 | 午 |
| 비견 | 편인 | 겁재 | 정관 |
| 木(1) | 火(1) | 土(2) | 金(3) | 水(1) |

이 사주의 일간은 경금庚金입니다. 금金은 문과인 경우 법, 경제, 경영 분야이며, 이과인 경우 생명공학, IT 분야가 어울립니다. 그리고 천간에 재성인 갑목甲木이 드러나 있으므로 명예보다는 재물을 지향할 가능성이 큽니다. 그리고 지지는 신유술申酉戌로 금金이 강하므로 그와 관련된 전공을 선택해야 합니다. 이 아이는 본인 사주에 강한 오행을 따라 생명자원공학과에 진학했습니다.

| 정관 | 일원 | 정인 | 편인 |
|------|------|------|------|
| 庚 | 乙 | 壬 | 癸 |
| 辰 | 卯 | 戌 | 未 |
| 정재 | 비견 | 정재 | 편재 |
| 木(2) | 火(0) | 土(3) | 金(1) | 水(2) |

두 번째 사례입니다. 이 사주의 일간은 을목乙木입니다. 목木은 교육, 출판, 건축, 섬유 등이 어울립니다. 그리고 천간에 관성 경금庚金이 드러나 있는데, 을경합乙庚合이 된 상태입니다. 이 경우

관官에 묶여 있으므로 직장 생활을 할 가능성이 큽니다. 특히 을경합은 유니폼을 입는 일을 할 가능성이 높기도 합니다. 그렇다면 어떤 전공을 해야 할까요? 지지를 보면 인묘진寅卯辰으로 인해 목木 기운이 강하고, 더불어 해묘미亥卯未도 가능하므로 목木과 관련된 전공을 선택하는 것이 좋습니다. 이 아이는 본인 사주에 강한 오행을 따라 건축학과에 진학했습니다.

사주명조에 분명하게 어떤 전공을 선택해야 하는지 드러난 경우도 있지만, 불분명한 경우도 있습니다. 그럴 때는 관官의 관官, 재財의 재財까지 추적하여 아이에게 전공을 제시하면 받아들일 가능성이 있습니다.

다만, 부모의 관점에서 아이들의 미래를 섣불리 재단하지 않아야 합니다. 아이는 자신의 명과 운을 받고 태어나 자신의 삶을 사는 것이 중요합니다. 기성세대의 입장에서 공부를 잘하고 직장을 잘 다니는 사주를 만들어 줄 수는 있지만, 그 아이가 살아갈 세상은 그런 일들이 그다지 중요하지 않아질 수도 있기 때문입니다.

부모의 마음대로 되지 않는 것이 자식이라면, 그들의 사주팔자대로 잘 살아가도록 응원하는 것도 어른의 몫이라고 봅니다.

# 제10장

# 사주명리를 이용한 주식 투자 성공 전략

❋ 사주명리로 부자되기, 주식 투자 치트키 ❋

# 사주로 풀어 보는
# 메타의 마크 저커버그

**마크 저커버그**
Mark Zuckerberg
메타 플랫폼스 CEO

페이스북Facebook의 창업자인 마크 저커버그 Mark Zuckerberg는 미국의 프로그래머로, 그는 인스타그램Instagram, 왓츠앱WhatsApp, 오큘 러스Oculus 등을 거느리고 있는 메타 플랫폼스 Meta Platforms를 경영하고 있습니다. 그는 빌 게이츠, 일론 머스크, 제프 베이조스 등과 함께 21세기를 이끌어가는 기업가 중 한 사람입니 다. 그러나 2021년 하반기부터 페이스북의 실 적이 크게 하락하는 등 경영에 어려움을 겪고 있죠. 그의 사주를 통해 회사의 경영 방향을 살 펴보겠습니다.

## 마크 저커버그는 어떤 사람인가?

| 상관 | 일원 | 겁재 | 편관 |
|------|------|------|------|
| 辛 | 戊 | 己 | 甲 |
| 酉 | 申 | 巳 | 子 |
| 상관 | 식신 | 편인 | 정재 |

| 木(1) | 火(1) | 土(2) | 金(3) | 水(1) |
|-------|-------|-------|-------|-------|
| 庚 辛 | 戊壬庚 | 戊庚丙 | 壬 癸 | |

| 87 | 77 | 67 | 57 | 47 | 37 | 27 | 17 | 7.3 |
|----|----|----|----|----|----|----|----|----|
| 戊 | 丁 | 丙 | 乙 | 甲 | 癸 | 壬 | 辛 | 庚 |
| 寅 | 丑 | 子 | 亥 | 戌 | 酉 | 申 | 未 | 午 |

마크 저커버그의 사주

　마크 저커버그의 일간은 넓은 땅을 의미하는 무토戊土입니다. 넓은 땅은 많은 인재를 길러낼 수 있는 터전이 됩니다. 경영자 중에는 사람을 길러내는 터전이 되는 무토戊土 일간이 상당히 많습니다. 무토戊土에는 갑목甲木이 심어져야 하고, 나무를 길러내기 위해 물이 필요합니다. 무토戊土에게 관성은 목木이고, 재성은 수水가 됩니다. 그의 사주에는 관성인 갑목甲木이 있고, 재성인 자수子水가 있습니다.

## 오행 분석

이 사주는 무토戊土 일간에 오행이 고르게 자리 잡고 있는데, 그중 금金 기운이 강해 금金과 관련된 행위를 하면 좋습니다. 금金은 문과의 경우에는 법, 경제 분야이며, 이과의 경우에는 생명과학, IT 분야에 속합니다.

## 사주 해석

이 사주는 관성과 재성이 국가 자리인 연주에 자리 잡고 있어 국가 또는 대기업과 관련된 일을 할 가능성이 큽니다. 그러나 천간에 갑목甲木이 기토己土와 합하여 관성에 문제가 생기고, 직장 생활보다는 사업 쪽으로 나서게 됩니다. 천간에 재성이 드러나 있지 않지만 일간 신금辛金에서 병화丙火를 끌어오면 병신합丙辛合으로 재물인 수水를 만들 수 있으며, 천간에 파이프 역할을 하는 갑목甲木이 자수子水를 퍼 올릴 수 있으므로 재물운이 좋은 사주입니다. 특히 지지에 신유술申酉戌, 사유축巳酉丑으로 금金 기운이 강하니 금金을 이용하게 되는데, 그 결과가 병신합丙辛合으로 나타나 IT 사업을 하게 됩니다. 이 사주는 직접적인 재성 대운이 오거나, 지지에 화火 기운인 사오미巳午未가 오면 신금辛金이 병화丙火를 강하게 끌어당겨 재물을 만들 수 있는 구조입니다.

## 대운 분석

마크 저커버그는 현재 37세 계유癸酉 대운을 지나고 있는데, 이번 대운은 일이 잘 풀리지 않을 수 있는 대운입니다. 일간 무토戊土가 계수癸水와 합하여 묶이게 되므로 자신이 100%의 노력을 기울여도 80% 정도의 결과만 얻을 수 있습니다. 그러나 지난 27세 임신壬申 대운에 재물운이 활성화되어 큰 재물을 모을 수 있었으며, 다가올 47세 갑술甲戌 대운에는 금金이 더 강해지고, 화火 기운이 활성화되므로 좋은 상황이 이어질 가능성이 큽니다. 따라서 메타 플랫폼스는 당분간 사업의 활로를 찾는 데 어려움이 있을 수 있지만, 시간이 지나면서 형편이 풀릴 수 있습니다. 단기 승부보다는 긴 승부를 봐야 합니다.

# 재성이 드러난 경우의
# 주식 투자

　주식 투자는 재물운과 밀접한 관련이 있습니다. 그러나 우리가 사주명리를 배우고 익히는 이유는 적극적인 전략으로 나설 때와 보수적인 전략으로 나설 때를 구분하기 위함입니다. 이것은 주식 시장의 호황과 침체에 따라 달라지지만 그것보다 더 중요한 것은 '내가 지금 투자하면 재물을 얻을 수 있는가?'에 대한 판단입니다.

　주식 시장이 호황일 경우 수익을 얻을 가능성이 높아지지만, 호황이라도 종목을 잘못 선택하면 큰 손실을 입을 수 있습니다. 반면 주식 시장이 침체기라면 손실을 볼 가능성이 크지만, 침체기라도 상한가를 기록하는 종목이 있을 수 있습니다. 결국 모두가 자신의 운에 따라 수익을 얻을 수도, 손실을 볼 수도 있습니다. 동학개미운동이 한창이던 2020년 3월에도 엄청난 활황장세였지만 손실을 본 투자자가 즐비했다는 점을 기억해야 합니다.

　크던 작던 재물을 얻기 위해서는 본인의 사주에 재성이 있어야 합니다. 이러한 재성은 천간과 지지에 정재正財, 편재偏財와 같은 글자가 있어야 하는데, 겁재劫財는 오히려 재물을 빼앗아가는 글자이므로 조심해야 합니다.

| 상관 | 일원 | 편재 | 상관 |
|---|---|---|---|
| 乙 | 壬 | 丙 | 乙 |
| 巳 | 戌 | 戌 | 未 |
| 편재 | 편관 | 편관 | 정관 |

| 木(2) | 火(2) | 土(3) | 金(0) | 水(1) |
|---|---|---|---|---|

| 戊庚丙 | | 辛丁戊 | | 辛丁戊 | | 丁乙己 | | |
|---|---|---|---|---|---|---|---|---|
| 86 | 76 | 66 | 56 | 46 | 36 | 26 | 16 | 6.3 |
| 丁 | 戊 | 己 | 庚 | 辛 | 壬 | 癸 | 甲 | 乙 |
| 丑 | 寅 | 卯 | 辰 | 巳 | 午 | 未 | 申 | 酉 |

이 사주는 재성인 편재가 나타나 있어 투자로 돈을 벌 가능성이 큽니다. 재성이 있으면 재성 대운으로 흘러갈 때가 투자하기 좋은 시기입니다. 이 사주는 36세부터 55세까지 재물운이 활성화되어 있습니다. 이렇게 재성 대운이 있으면 적극적으로 투자하고, 그렇지 않은 경우에는 보수적으로 투자하는 것이 좋습니다. 물론 대운이 아닌 세운에서 재물운이 올 때도 마찬가지로 적극적으로 투자하는 것이 좋습니다.

운의 흐름이 좋은 시기는 재물은 재물에 해당하는 운이, 명예 또는 직장은 관성에 해당하는 운이 들어와서 활성화될 때입니다.

# 무재사주의
# 주식 투자

　모든 사람이 사주에 재물을 가지고 태어나는 것은 아닙니다. 재물이 없는 사주를 무재無財사주라고 합니다. 무재사주의 특징은 일단 재물을 모으는 것이 쉽지 않다는 것입니다. 그렇다고 굶거나 비루하게 살지는 않습니다. 재물운은 없어도 관운 즉, 직장운이 있으면 월급을 받아 충분히 살아갈 수 있기 때문입니다.

　사주에는 '많은 것은 없는 것과 같고, 없는 것은 무한대와 같다.'는 원칙이 있습니다. 즉, 무재사주는 무한대의 재물을 얻을 수도 있습니다. 물론 그 확률은 크지 않습니다. 1,000명 중 한 명이면 0.1%이며, 10,000명 중 한 명이면 0.01%의 확률로 무재사주가 무한대의 재물을 가질 수 있습니다.

　그러나 이렇게 무한대의 재물을 얻을 때에도 대운이나 세운에 재물운이 와야 합니다. 특히 무재사주는 재물운이 오면 사주가 탁수가 된 상황에서도 재물을 얻을 수 있습니다. 문제는 그 재물이 나에게

이롭지 않고, 오히려 망하게 만들 수도 있다는 것입니다. 그래서 사주가 맑을 때 대운에 재물운이 오면 그때가 좋은 시기입니다.

그러나 무재사주는 재물운이 지나가면 더 이상 재물을 얻는 것이 어려워집니다. 큰돈을 벌게 될 경우 잘 지켜야 합니다.

| 식신 | 일원 | 비견 | 편관 |
|---|---|---|---|
| 丙 | 甲 | 甲 | 庚 |
| 寅 | 午 | 申 | 午 |
| 비견 | 상관 | 편관 | 상관 |

| 木(3) | 火(3) | 土(0) | 金(2) | 水(0) |
|---|---|---|---|---|

| 戊丙甲 | 丙己丁 | 戊壬庚 | 丙己丁 |
|---|---|---|---|

| 89 | 79 | 69 | 59 | 49 | 39 | 29 | 19 | 9.0 |
|---|---|---|---|---|---|---|---|---|
| 癸 | 壬 | 辛 | 庚 | 己 | 戊 | 丁 | 丙 | 乙 |
| 巳 | 辰 | 卯 | 寅 | 丑 | 子 | 亥 | 戌 | 酉 |

이 사주는 무재사주이며, 수水가 없어 탁수가 될 염려가 없는 사주입니다. 그리고 39세부터 58세까지 20년간 재물운이 강하게 와서 이때 엄청난 재물을 거둬들입니다. 바로 퀀텀 펀드Quantum Fund의 회장인 조지 소로스의 사주입니다.

# 대운과 세운의 흐름에서
# 주식 투자 타이밍 찾기

　　재성을 가지고 태어난 사주나 무재사주는 재물운이 왔을 때 재물이 활성화됩니다. 그렇다면 대운과 세운에서 원래 재물운은 아니지만, 합을 통해 재물운으로 바뀌는 사주를 살펴보겠습니다.

　　우리가 사용할 합은 천간합 天干合 , 지지삼합 地支三合 , 지지방합 地支方合 그리고 육합 중 인해합寅亥合과 진유합辰酉合 정도입니다. 먼저 재성이 있는 경우의 사례를 보겠습니다.

| 식신 | 일원 | 편관 | 편재 |
|---|---|---|---|
| 癸 | 辛 | 丁 | 乙 |
| 巳 | 卯 | 亥 | 未 |
| 정관 | 편재 | 상관 | 편인 |

| 木(2) | 火(2) | 土(1) | 金(1) | 水(2) |
|---|---|---|---|---|
| 戊庚丙 | 甲乙 | 戊甲壬 | | 丁乙己 |

| 84 | 74 | 64 | 54 | 44 | 34 | 24 | 14 | 4.0 |
|---|---|---|---|---|---|---|---|---|
| 丙 | 乙 | 甲 | 癸 | 壬 | 辛 | 庚 | 己 | 戊 |
| 申 | 未 | 午 | 巳 | 辰 | 卯 | 寅 | 丑 | 子 |

이 사주는 신금辛金 일간 재성이 명조에 드러난 경우입니다. 이미 24세부터 43세까지, 그리고 64세부터 73세까지 재물운이 활성화 되는 모습이지만 중간에 20년 동안은 재물운이 단절됩니다. 그러나 44세 임진壬辰 대운에서 임수壬水와 정화丁火가 정임합丁壬合을 이루어 목木이 되면 이 역시 재물운으로 볼 수 있습니다. 따라서 실제로는 24세부터 53세까지 재물운이 이어진 것으로 볼 수 있습니다.

다음은 무재사주의 경우를 살펴보겠습니다.

| 비견 | 일원 | 편관 | 식신 |
|---|---|---|---|
| 壬 | 壬 | 戊 | 甲 |
| 寅 | 寅 | 辰 | 辰 |
| 식신 | 식신 | 편관 | 편관 |

| 木(3) | 火(0) | 土(3) | 金(0) | 水(2) |
|---|---|---|---|---|
| 戊丙甲 | 戊丙甲 | 乙癸戊 | | 乙癸戊 |

| 84 | 74 | 64 | 54 | 44 | 34 | 24 | 14 | 4.0 |
|---|---|---|---|---|---|---|---|---|
| 丁 | 丙 | 乙 | 甲 | 癸 | 壬 | 辛 | 庚 | 己 |
| 丑 | 子 | 亥 | 戌 | 酉 | 申 | 未 | 午 | 巳 |

이 사주는 재성이 23세까지 있는데, 이때는 어린 시절부터 대학까지의 나이이므로 재물과는 상관이 없으며, 다른 재물운은 74세 병자丙子 대운에 오게 됩니다. 그러나 24세 신미辛未 대운에서 신금辛金이 병신합丙辛合을 이용해 재성인 병화丙火를 끌어올렸고, 34세 임신壬申 대운에는 세 개의 임수壬水가 정임합丁壬合을 이용해 정화丁火를 끌어왔습니다. 그리고 44세 계유癸酉 대운에서는 무계합戊癸合으로 화火의 성질을 띠게 되니 재물운이 없는 것 같아도 숨어 있는 재물운을 이용하여 손해 보지 않는 투자를 할 수 있습니다.

대운과 합을 이용해서 재물운을 만드는 사례를 알아봤습니다. 동일한 방식을 세운에 적용하면 주식 투자에 적합한 때를 매년 가늠해 볼 수 있습니다. 특히 재물운이 좋은 대운에 그에 맞는 세운이 온다면 금상첨화입니다.

## 이럴 때 주식을 하면
## 성공 가능성이 크다

### 경쟁자가 사라질 때 주식 투자를 하면
### 성공 가능성이 크다

주식 투자는 주식과의 싸움인지, 아니면 다른 투자자와의 싸움인지 생각해 볼 필요가 있습니다. 우리는 주식 투자를 할 때 주식 시장과 싸워서 이길 궁리를 합니다. 그런데 사실 주식 투자를 한다는 것은 수많은 투자자들과의 게임에서 이길 수 있는지를 따지는 것입니다. 그 경쟁자들 중에는 기업의 CEO, 전문 펀드매니저, 외국의 유수한 헤지펀드 매니저, 그리고 엄청난 자금력을 가진 큰손이나 전업 투자자, 일반 개미 등이 있습니다. 이들은 주식 시장에서 서로 얽히고 설키는 게임을 벌입니다. 그래서 나에게 상대를 제거하고 승리할 수 있는 운이 올 때가 주식하기 좋은 때가 됩니다.

사주에서 내 경쟁자는 비견比肩 또는 겁재劫財로 나타납니다. 비견은 나와 같은 글자이고, 겁재는 나와 같은 오행이지만 음양을 달리

하는 글자로 모두 내 형제 또는 자매로 볼 수 있습니다. 형제·자매는 부모의 재산 상속 시 서로 나눠야 하는 경쟁자로 보기 때문입니다. 먼저 비견을 없애는 것의 의미를 살펴보겠습니다.

| 식신 | 일원 | 비견 | 편관 |
|---|---|---|---|
| 丙 | 甲 | 甲 | 庚 |
| 寅 | 午 | 申 | 午 |
| 비견 | 상관 | 편관 | 상관 |

| 木(3) | 火(3) | 土(0) | 金(2) | 水(0) |
|---|---|---|---|---|

| 戊丙甲 | 丙己丁 | 戊壬庚 | 丙己丁 |
|---|---|---|---|

| 89 | 79 | 69 | 59 | 49 | 39 | 29 | 19 | 9.0 |
|---|---|---|---|---|---|---|---|---|
| 癸 | 壬 | 辛 | 庚 | 己 | 戊 | 丁 | 丙 | 乙 |
| 巳 | 辰 | 卯 | 寅 | 丑 | 子 | 亥 | 戌 | 酉 |

조지 소로스의 사주

이 사주는 앞서 살펴본 조지 소로스의 사주입니다. 39세 이후 이어진 20년간의 재물 대운 중, 특히 49세 기축己丑 대운에 기토己土가 갑기합甲己合으로 자신의 경쟁자를 제거하는 운이 옵니다. 그는 이때 영국 파운드화 공격*에 성공해서 전세계 투자자들에게 자신을 알리

---

* 1990년 영국은 유럽 내 단일통화권 구축을 위해 ERM(환율조정메커니즘)에 가입하고 파운드 화의 환율 변동폭을 독일 마르크화를 기준으로 고정시켰다. 그러나 독일이 재통일되면서 독일 마르크화가 고평가됨에 따라 환율 변동폭 유지를 위해 금리를 올렸고, 이 조치는 실업률 증가 와 불황으로 이어지게 되었다. 이에 조지 소로스를 포함한 헤지펀드 매니저들은 가능한 모든 자금을 동원해 파운드화 투매에 나서고, 영국은 단기금리를 10%로 인상하며 방어에 나섰으나 시장의 공격을 막아내지 못하고 ERM에서 탈퇴했다.

는 계기를 만들었습니다. 비견이나 겁재를 제거하는 것은 경쟁자를 물리치는 것으로, 자녀의 사주에 이런 운이 오면 수시 입시보다는 정시 입시에서 성공할 가능성이 큽니다.

## 3 : 1로 합하면 그 작용이 매우 크다

| 비견 | 일원 | 비견 | 정관 |
|---|---|---|---|
| 甲 | 甲 | 甲 | 辛 |
| 子 | 申 | 午 | 亥 |
| 정인 | 편관 | 상관 | 편인 |

| 木(3) | 火(1) | 土(0) | 金(2) | 水(2) |
|---|---|---|---|---|
| 壬 癸 | 戊壬庚 | 丙己丁 | 戊甲壬 | |

| 87 | 77 | 67 | 57 | 47 | 37 | 27 | 17 | 7.3 |
|---|---|---|---|---|---|---|---|---|
| 乙 | 丙 | 丁 | 戊 | 己 | 庚 | 辛 | 壬 | 癸 |
| 酉 | 戌 | 亥 | 子 | 丑 | 寅 | 卯 | 辰 | 巳 |

일론 머스크의 사주

이 사주는 테슬라의 창립자인 일론 머스크의 사주입니다. 많은 경쟁자가 있지만 47세 기축己丑 대운에서 기토己土와 갑목甲木이 3 : 1로 합하며, 경쟁자를 모두 물리치는 운이 옵니다. 실제로 일론 머스크는 47세 기축己丑 대운부터 테슬라를 통해 큰 투자를 받아 세계적인 부호가 됩니다.

이렇게 경쟁자를 물리치는 운이 오는 것은 주식 투자에 있어 아주 좋은 때가 됩니다. 이때 투자하면 실패 가능성을 크게 줄이고 성공 가능성을 높일 수 있습니다. 주식 투자는 몸을 낮추고 있다가 결정적인 기회가 왔을 때 기회를 놓치지 않고 수익을 얻는 전략을 세워야 하는 게임입니다. 경쟁자에게 둘러싸인 상태에서는 결코 승리를 장담할 수 없다는 점을 기억해야 합니다.

# 사주로 보는 우리 아이의 진학 가능성

모든 일이 잘 풀리는 사람은 점이나 사주에 큰 관심이 없습니다. 지금도 충분히 좋으므로 굳이 따로 알아볼 필요가 없기 때문입니다. 그러나 마음속에 작은 근심이라도 있는 사람은 점술에 기대어 미래를 알아보고자 합니다.

사람들이 사주명리에 관심을 두는 이유는 결국 '내가 잘 먹고 살 수 있는가?', '직장운은 좋은가?' 그리고 '내 자식들은 사람 노릇을 하면서 잘 살 수 있는가?' 등을 알고 싶기 때문입니다. 특히 자식이 정해진 때에 학교를 잘 갈 수 있는지에 대해 많은 관심을 가집니다. 진학은 기본적으로 본인의 노력이 뒤따라야 합니다. 본인이 노력을 하지 않는데 사주만 좋다고 해서 요행을 바랄 수는 없는 일입니다.

매년 수능 때가 되면, 수능을 앞두고 100일 동안 매일 산 위에 있는 절에 올라 기도하는 부모들을 보게 됩니다. 물론 자식을 위한 부모의 간절한 마음을 모르는 바는 아니지만, 부모가 노력하는 그 시간에 아이들은 과연 무엇을 하고 있을까요? 공부에 열중하는 아이들도 많지만, 그렇지 않고 게임을 하거나 놀러가는 아이들도 많을 것입니다.

아이가 부모의 마음과 같이 열심히 공부할 때 그 아이가 자신이 원하는 학교에 무사히 합격할 수 있을지 가늠해 보는 방법을 살펴보겠습니다.

## 경쟁자를 물리치고 사주가 밝아질 때

시험은 다른 아이와의 경쟁에서 이기는 것입니다. 그렇기 때문에 사주에서 경쟁자를 없애고, 사주 자체가 밝아질 때 합격의 영광을 얻을 수 있습니다.

이 사주는 갑목甲木 일간으로, 사주 안에 경쟁자인 갑목甲木이 하나 더 있어 경쟁자를 달고 다니는 사주입니다. 그러나 대학 시험을 보는 고등학교 3학년에 20세 기토己土 대운을 통해 갑기합甲己合이 이루어져 경쟁자를 제거하고, 자신이 클 수 있는 물인 임수壬水를 만납니다. 또한 지지에는 인오술寅午戌로 화火가 강해지면서 사주가 밝아졌습니다. 이 사주의 학생은 서울대학교에 입학했습니다.

## 시험을 앞둔 시점에 목(木)과 관련된 기운이 들어올 때

사주 오행 중 교육, 공부와 관련된 것은 목木 기운입니다. 시험을 앞둔 상황에서 목木과 관련된 운이 오면 놀지 않고 공부하는 모습을 볼 수 있습니다.

| 편인 | 일원 | 편재 | 상관 |
|---|---|---|---|
| 乙 | 丁 | 辛 | 戊 |
| 巳 | 亥 | 酉 | 寅 |
| 겁재 | 정관 | 편재 | 정인 |

| 木(2) | 火(2) | 土(1) | 金(2) | 水(1) |
|---|---|---|---|---|
| 戊庚丙 | 戊甲壬 | | 庚辛 | 戊丙甲 |

| 80 | 70 | 60 | 50 | 40 | 30 | 20 | 10 | 0.3 |
|---|---|---|---|---|---|---|---|---|
| 庚 | 己 | 戊 | 丁 | 丙 | 乙 | 甲 | 癸 | 壬 |
| 午 | 巳 | 辰 | 卯 | 寅 | 丑 | 子 | 亥 | 戌 |

| 2022 | 2021 | 2020 | 2019 | 2018 | 2017 | 2016 | 2015 | 2014 | 2013 | 2012 |
|---|---|---|---|---|---|---|---|---|---|---|
| 壬 | 辛 | 庚 | 己 | 戊 | 丁 | 丙 | 乙 | 甲 | 癸 | 壬 |
| 寅 | 丑 | 子 | 亥 | 戌 | 酉 | 申 | 未 | 午 | 巳 | 辰 |
| 25 | 24 | 23 | 22 | 21 | 20 | 19 | 18 | 17 | 16 | 15 |

이 사주는 정화丁火 일간으로 대학에 입학하는 20세 기미己未 대운에 기토己土 가 갑기합 甲己슴 으로 갑목 甲木 을 끌어와서 대학에 들어 갈 수 있었습니다. 갑목甲木은 큰 나무로 대학을 의미하며, 을목乙木은 작은 나무로 전문대학을 의미합니다. 이 사주의 아이는 고등학교를 다닐 때 목木과 관련된 기운이 와서 공부를 꾸준히 했습니다. 국립대학에 입학할 수 없었던 것은 19세 병신丙申 세운에 병화丙火가 왔으나 신금辛金과 합을 이루면서 그 빛을 잃었기 때문입니다.

## 병화가 사주에 뜨는 경우

병화丙火는 최고의 존엄을 가진 태양이자 국가, 국립대학, 국가자격증 등을 의미합니다. 시험을 보는 시기에 병화丙火를 불러와 띄울 수 있다면 대학 진학을 예측해 볼 수 있을 뿐만 아니라, 국가자격시험의 당락 여부도 알아볼 수 있습니다.

| 정재 | 일원 | 겁재 | 겁재 |
|---|---|---|---|
| 戊 | 乙 | 甲 | 甲 |
| 寅 | 巳 | 戌 | 辰 |
| 겁재 | 상관 | 정재 | 정재 |

| 木(4) | 火(1) | 土(3) | 金(0) | 水(0) |
|---|---|---|---|---|
| 戊丙甲 | 戊庚丙 | 辛丁戊 | 乙癸戊 | |

| 85 | 75 | 65 | 55 | 45 | 35 | 25 | 15 | 5.0 |
|---|---|---|---|---|---|---|---|---|
| 癸 | 壬 | 辛 | 庚 | 己 | 戊 | 丁 | 丙 | 乙 |
| 未 | 午 | 巳 | 辰 | 卯 | 寅 | 丑 | 子 | 亥 |

| 1988 | 1987 | 1986 | 1985 | 1984 | 1983 | 1982 | 1981 | 1980 | 1979 | 1978 |
|---|---|---|---|---|---|---|---|---|---|---|
| 戊 | 丁 | 丙 | 乙 | 甲 | 癸 | 壬 | 辛 | 庚 | 己 | 戊 |
| 辰 | 卯 | 寅 | 丑 | 子 | 亥 | 戌 | 酉 | 申 | 未 | 午 |
| 25 | 24 | 23 | 22 | 21 | 20 | 19 | 18 | 17 | 16 | 15 |

이 사주는 을목乙木 일간으로 수水가 없는 사주이지만 대학 진학과 관련있는 해인 1982년 임술壬戌년에 15세 병자丙子 대운으로 병화丙火가 아름답게 뜨면서 서울대학교에 합격하게 됩니다. 특히 을목乙木은 갑목甲木을 타고 올라가 꽃 피우기를 좋아하는 습성을 가지고 있습니다. 경쟁자를 타고 올라가 태양을 받고 활짝 꽃을 피워 서울대학교에 진학했으며, 이후 법조인이 된 사주입니다.

이상으로 대학 진학에 성공한 사례를 살펴봤습니다. 그러나 이 밖에도 본인이 하고자 하는 전공의 기운이 강해지거나, 자신에게 없는 기운이 오는 시기는 모두 사주에 도움이 되어 진학에 큰 도움이 될 수 있습니다.

# 제11장

# 물상을 알면
# 주식 투자도 쉽게
# 이해할 수 있다.

※ 사주명리로 부자되기, 주식 투자 치트키 ※

# 사주로 풀어 보는
# HD현대그룹의 최대 주주,
# 정몽준 이사장

**정몽준**
Chung Mong-Joon
HD현대그룹 대주주

아산사회복지재단의 정몽준 이사장은 HD
현대그룹의 최대주주이자 HD현대그룹을 실
질적으로 지배하고 있는 사람입니다. 정치인
으로도 유명한 정몽준 이사장의 사주 풀이를
통해 국내 최고 그룹 중 하나인 HD현대그룹의
미래를 살펴보겠습니다.

# 정몽준 이사장은 어떤 사람인가?

| 편관 | 일원 | 비견 | 식신 |
|---|---|---|---|
| 乙 | 己 | 己 | 辛 |
| 丑 | 巳 | 亥 | 卯 |
| 비견 | 정인 | 정재 | 편관 |

| 木(2) | 火(1) | 土(3) | 金(1) | 水(1) |
|---|---|---|---|---|

| 癸辛己 | 戊庚丙 | 戊甲壬 | 甲乙 |
|---|---|---|---|

| 86 | 76 | 66 | 56 | 46 | 36 | 26 | 16 | 5.6 |
|---|---|---|---|---|---|---|---|---|
| 庚 | 辛 | 壬 | 癸 | 甲 | 乙 | 丙 | 丁 | 戊 |
| 寅 | 卯 | 辰 | 巳 | 午 | 未 | 申 | 酉 | 戌 |

정몽준의 사주

정몽준 이사장의 사주는 기토己± 일간으로 집안의 정원과 같은 사람입니다. 정원은 집 안에 있으므로 기토己± 일간은 가정적인 면모를 갖는 경우가 많습니다. 정원에는 꽃나무가 심어져 있어야 하는데, 많은 물을 필요로 하지는 않습니다. 그리고 꽃을 아름답게 피기 위해서는 적절한 태양이 있어야 하고, 또 전지를 위해서는 가위金도 필요합니다. 그런 점에서 정몽준 이사장은 모든 것이 갖추어진 사주입니다. 사주로 봤을 때 부족함이 없습니다. 다만, 사주의 여덟 글자가 모두 음陰의 글자로 이루어져 있습니다. 이런 사주를 음팔통陰八通 사주라고 합니다. 내향적인 사람이지만, 인생의 굴곡이 심할 수 있는 사주 구성이라고 볼 수 있습니다.

## 오행 분석

이 사주는 기토己土 일간으로 토土 기운이 강하지만, 다른 오행들도 모두 자리를 잡고 있어 균형 잡힌 사주로 볼 수 있습니다. 그러나 기토己土의 경우 집을 의미하므로 두 개의 기토己土는 두 개의 직업, 두 개의 전공, 두 개의 가정을 가질 수 있음을 의미합니다. 아마도 그런 점에서 정몽준 이사장이 경영자와 정치인, 두 개의 직업을 가졌지 않았을까 판단해 봅니다.

## 사주 해석

이 사주는 꽃나무인 을목乙木이 있어 정원에 잘 심어질 수 있습니다. 그리고 꽃을 피울 태양은 연간 신금辛金이 안테나 역할을 하면서 병화丙火를 끌어올 수 있습니다. 이 경우에는 병신합丙辛合으로 물을 만들 수 있는데, 기토己土에게 수水는 재물입니다. 따라서 국가 자리에서 태양도 만들고, 물도 만들 수 있으니 국가와 관련된 일을 할 수 있으며, 또 그로부터 재물도 얻을 수 있는 사주입니다.

특히 지지의 해묘미亥卯未는 관官의 뿌리를 탄탄하게 만들고, 사유축巳酉丑은 금金 기운을 강하게 만들기 때문에 명예운이나 자신이 하고 있는 중공업 부문의 뿌리가 아주 탄탄한 사주임이 분명합니다. 그리고 그 명예가 노후까지 이어질 수 있으므로, HD현대그룹의 미래는 여전히 밝다고 볼 수 있습니다.

## 대운 분석

이 사주는 16세 정유丁酉 대운에 속한 1969년 기유己酉년에 세 개의 기토己土가 큰 나무인 갑목甲木을 강하게 끌어왔고, 더불어 지지에 있는 사유축巳酉丑으로 인해 금金 기운이 강해졌습니다. 큰 나무는 대학을 의미하며, 그는 1969년에 서울대 경제학과에 입학했습니다. 그리고 36세 을미乙未 대운에 속한 1988년 무진戊辰년에는 두 개의 을목乙木이 경금庚金을 끌어오고, 이것이 두 개의 안테나가 되어 태양인 병화丙火를 끌어오면서 국회의원에 당선되어 정치에 입문했습니다.

2023년을 기준으로 66세 임진壬辰 대운을 지나고 있습니다. 임수壬水는 기토己土의 재물입니다. 재물이 아주 좋은 대운을 지나고 있으니 회사 걱정은 하지 않아도 됩니다. 76세 신묘辛卯 대운과 86세 경인庚寅 대운 모두 지지에 명예를 드높일 수 있는 상황이 만들어지니, 말년까지 명예를 누리면서 살 수 있을 것으로 판단됩니다. HD 현대그룹에 관한 투자는 경기 상황에 따라 주가의 변동은 있을 수 있겠지만, 회사에 문제가 생겨서 낭패를 보는 일은 없을 것으로 예상됩니다.

## 물상명리란?

사주를 10년 공부하고도 사주명조를 보며 한마디도 제대로 하지 못하는 사람이 수두룩합니다. 그들은 왜 사주를 보고서도 제대로 읽지 못하는 걸까요? 이는 바로 사주 해석을 하는 방식의 차이 때문입니다. 소위 고전명리학에서는 사주 해석을 할 때 용신用神*을 찾아 해석하는 것이 일반적입니다. 용신은 사주를 해석하는 핵심 키워드입니다. 그래서 명리술사들은 용신만 찾으면 사주 해석은 끝이라고 말합니다. 그런데 용신은 하나만 존재하는 것이 아니라 사주를 어떤 관점에서 보느냐에 따라 다르게 쓸 수 있습니다. 사주를 해석하는 사람마다 용신을 다르게 보는 경우가 많습니다. 그렇기 때문에 사주 해석을 두고 의견이 통일되는 것이 아니라 개인의 관점에 따라서 차이가 있을 수 있습니다.

---

\* 나를 도와주는 오행

여기서 말하는 용신은 일간을 중심으로 사주의 균형을 잡아주는 핵심 키워드 역할을 합니다. 그런데 지금까지 우리가 사주 해석을 하고, 사주명리를 이용한 주식 투자 방법에 대해 논의하는 동안 용신을 사용하지 않았습니다. 그 대신에 물상명리라는 사주관법을 이용해서 사주를 풀어 왔습니다. 여기서 말하는 물상명리는 음양오행에 대해 자연에서 볼 수 있는 사물의 특성을 이용하여 그 사물들이 어떤 조건에 그 역할을 잘 할 수 있는지를 찾아내는 것입니다. 그리고 부족한 부분은 직업이나 결혼 등 필요한 행위를 통해서 보충하도록 도움을 주는 사주 해석 방법입니다.

　물상명리는 사물의 형상을 파악하고, 그 사물이 어떤 조건에서 능력을 발휘할 수 있는지를 따져 봅니다. 그리고 능력을 발휘할 수 없게 만드는 조건은 무엇인지 찾아내어 운의 좋고 나쁨을 판단하는 사주 해석 방법입니다. 그래서 물상명리를 공부하면 누구나 쉽게 사주 해석을 시도할 수 있게 됩니다. 이런 점에서 사주명리를 조금 더 깊게 공부하고자 한다면, 주말농장이나 시골 텃밭에서 농사를 지으며 계절의 변화를 비롯해 자연의 조화를 면밀히 살펴보는 것을 권합니다.

# 오행의 물상

## 목(木)

목木은 위로 성장하는 것을 의미합니다. 특히 나무, 목재, 섬유, 교육, 인재, 사람, 건축물, 출판 등을 상징합니다.

### • 갑목(甲木)

갑목甲木은 큰 나무로 우두머리, 즉 리더의 요소를 지니고 있습니다. 거목이 심어지기 위해서는 큰 땅인 무토戊土가 필요합니다. 그리고 적당한 물과 햇빛도 필요합니다. 거목이 뿌리를 제대로 내리기 위해서는 부드러운 땅보다는 자갈이 있는 땅이 좋습니다. 큰 나무가 뿌리로 자갈을 휘어 감고 있으면 웬만한 바람에도 쓰러지지 않고 굳건할 수 있습니다.

그러나 나무를 심을 큰 땅이 없으면 결실이 약합니다. 왜냐하면 목木의 재성은 토土이기 때문입니다. 또한, 물이 없으면 생장이 어렵습니다. 목木에게 수水는 어머니와 같이 생해주는 오행이기 때문입니다. 목木에게 햇빛이 없으면 꽃을 피우기 어렵습니다. 화火는 목木을 생해주는 오행입니다. 마지막으로 목木에게 금金이 없으면 땅에 뿌리를 튼튼히 내릴 수 없고, 또 나무를 예쁘게 다듬을 도끼나 전지 가위와 같은 도구도 없게 됩니다.

특히 갑목甲木이 갑목甲木을 또 만나는 것은 좋지 않습니다. 큰 나무가 서로 경쟁을 하게 되면 갑갑한 상황이 오기 때문입니다.

## • 을목(乙木)

을목乙木은 화초花草와 같습니다. 즉, 정원을 아름답게 수놓는 예쁜 꽃나무입니다. 그래서 가정과 깊은 관련이 있습니다. 꽃나무는 집안 정원에 심어져 있어야 아름답습니다. 집안 정원은 작은 땅, 즉 기토己土를 말합니다. 만약 꽃나무가 광활한 황무지에 심어져 있으면 잡초에 불과하게 됩니다. 그렇게 되면 안락한 삶을 살지 못하고 척박한 삶을 살게 되는 경우가 많습니다. 그리고 꽃이 피기 위해서는 적당한 물과 햇빛이 필요합니다. 또한 정원의 꽃나무는 전지 가위로 계속 다듬어 줘야 더욱 아름답게 됩니다.

그러나 갑목甲木과 마찬가지로 꽃나무를 심을 땅이 없으면 결실을 맺을 수 없고, 물이 없으면 성장이 어렵습니다. 햇빛이 없으면 꽃을 피울 수 없으며, 전지 가위가 없으면 아름답게 다듬어지기 어렵습니다. 특히 을목乙木은 갑목甲木과 같이 있으면 갑목甲木을 타고 올라가는 습성을 가집니다. 아름다운 나무를 칡넝쿨과 같은 넝쿨 식물이 타고 올라가는 것과 같은 이치입니다. 즉, 을목乙木은 부모님이나 선배들의 도움을 받아 성장하는 것으로 해석할 수 있습니다.

특히 을목乙木이 을목乙木을 또 만나는 것은 좋지 않습니다. 뿌리가 엉켜 자라지 못하기 때문입니다.

# 화(火)

화火는 불 또는 세상을 밝히는 것을 의미합니다. 특히 교육, 아름다운 것, 보이는 것, 정신 세계, 종교, 주식, 방송, 예술, 관광, 레저, 전기·전자, 컴퓨터 등을 상징합니다.

## • 병화(丙火)

병화丙火는 태양을 의미하고, 밝은 낮 시간을 상징하므로 현실 세계와 관계가 깊습니다. 태양은 하나이므로 최고의 지도자를 의미하기도 합니다. 태양은 낮 시간에 떠 있어야 세상을 비출 수 있습니다. 병화丙火에게 재성은 금金이고, 관성은 수水입니다. 그리고 화생토火生土의 경우에는 토土가 너무 많으면 화토중탕火土重湯이 되어 종교인이나 교사의 사주에서 많이 보입니다.

병화丙火는 밤에는 빛을 발하기 어렵습니다. 그래서 지지나 대운에 밤 시간에 해당되는 글자가 들어오면 좋지 않은 것으로 해석합니다. 그리고 병화丙火에 또 다른 병화丙火가 오면, 태양이 둘이 되어 더 밝아지는 것처럼 보이지만, 실상은 태양이 빛을 잃고 어두워진다고 해석합니다. 태양은 하나만 있어야 아름답기 때문이죠. 만약 병화丙火가 두 개라면 큰 나무인 갑목甲木으로 하나를 가려줘야 좋습니다.

## • 정화(丁火)

정화丁火는 별이나 달로 보지만, 경우에 따라서는 가로등으로 보는 경우도 있습니다. 사주원국에 큰 호수, 즉 임수壬水가 있을 때는 달로 보며, 수水가 없을 때는 가로등으로 봅니다. 어둠 속에서 불을 밝혀 사람을 인도하는 역할을 하기 때문에 정신적 지도자나 보이지 않는 지도자를 의미합니다. 특히 조직에서는 명령하는 사람이라기보다는 직원 역할을 하는 사람을 의미합니다.

정화丁火는 병화丙火와는 달리 밤 시간에 제 역할을 합니다. 만약 지지나 대운에 낮 시간에 해당되는 글자가 들어오면 자신의 빛을 잃어버리게 되어 제 기능을 하지 못합니다. 정화丁火에게 재성은 금金이고, 관성은 수水가 됩니다. 병화丙火와 마찬가지로 토土가 지나치게 많으면 화토중탕火土重湯이 됩니다. 또한, 정화丁火가 중복되면 빛이 어두워집니다. 특히 병화丙火와 함께 정화丁火가 있게 되면 병정丙丁 갈등이라고 하여 현실과 이상 세계에 대한 정신적 갈등을 겪게 됩니다. 이런 경우에는 시차를 둘 수 있는 해외에서 생활하는 것이 하나의 해결책이 될 수 있습니다.

# 토(土)

토土는 만물을 길러내는 터전입니다. 특히 땅, 흙, 부동산, 종교, 터전, 조상, 고향, 교육 등을 상징합니다.

## • 무토(戊土)

무토戊土는 넓은 땅이나 밭과 같습니다. 밭이 제 기능을 하기 위해서는 나무 또는 곡식이 심어져 있어야 합니다. 토土에게 있어 나무, 즉 목木은 관성입니다. 또한, 곡식을 길러내기 위해서는 적당한 물과 햇빛이 필요합니다. 곡식이 다 길러지고 나면 추수를 해야 하는데, 이때는 연장, 즉 금金이 필요합니다.

그러나 밭에 나무나 곡식이 없으면 황무지가 되어버립니다. 적당한 물이 없으면 땅이 마르고 갈라져 제 기능을 할 수 없습니다. 무토戊土에게 물은 재성을 의미합니다. 햇빛이 없으면 곡식을 길러내지 못합니다. 무토戊土에게 햇빛, 즉 화火는 무토戊土를 생해주는 것을 의미합니다. 도구가 없으면 추수를 못하게 되므로 무토戊土에게 금金은 자신이 생해주는 오행에 해당합니다.

다른 오행과는 달리 무토戊土와 무토戊土가 같이 있으면 땅이 넓어지는 모습으로 좋게 해석됩니다. 물상으로 무토戊土는 중국을 의미하며, 우리나라에서는 대전 지역을 중심으로 한 충청도를 의미합니다.

## • 기토(己土)

기토己土는 집안에 있는 정원과 같습니다. 정원에는 꽃나무가 심어져 있어야 합니다. 그리고 꽃을 아름답게 피우기 위해서는 적당한 물과 햇빛이 필요합니다. 정원의 꽃나무는 전지 가위로 다듬어 줄 경우 더욱 아름다워집니다.

그러나 정원에 꽃나무가 없으면 정원은 아무런 쓸모도 없게 됩니다. 물이 없으면 꽃나무를 키울 수 없고, 햇빛이 없으면 꽃을 피우지 못합니다. 또한, 전지 가위가 없으면 들에 핀 야생화와 같은 신세가 됩니다.

특히 기토己土와 기토己土가 같이 있으면 땅이 넓어지기보다는 가정, 직업, 전공 등이 두 개가 있다고 봅니다. 기토己土는 구획이 정해진 땅으로 보면 됩니다. 전국적인 범위의 국회의원보다는 지방자치단체 선출직 공무원의 사주에 기토己土가 있는 경우가 많습니다.

# 금(金)

금金은 추수와 같이 거두어들이는 것을 의미하기도 하고, 감추어 저장하는 것을 의미하기도 합니다. 그래서 마무리, 금속성, 권위 또는 권력, 서양, 외국어 등을 상징합니다.

## • 경금(庚金)

경금庚金은 큰 칼을 의미합니다. 큰 칼을 찬 사람은 지위가 높은 사람을 의미합니다. 금金은 무조건 물속에서 놀아야 합니다. 그래야 능력을 발휘할 수 있습니다. 금金은 물을 좋아합니다. 그래서 경금庚金이 물을 만나면 숙살지권肅殺之權을 지니게 됩니다. 즉, 다른 사람의 생사를 결정하는 권력을 가질 수 있습니다. 그리고 큰 칼을 제대로 쓰기 위해서는 손잡이인 목木이 필요하므로 금金에게 목木은 재성이 됩니다.

칼은 만들어지는 과정에서 이미 불을 이용했기 때문에서 다시 화火를 만나는 것은 좋지 않습니다. 칼이 무뎌질 수 있고, 칼자루가 불에 타서 없어질 수 있기 때문입니다. 금金은 그 자체로 권력을 의미하기도 하는데, 금金에게 화火가 관성이기 때문입니다. 경금庚金에게 토土가 너무 많으면 칼이 흙 속에 묻혀버리게 됩니다.

경금庚金이 또 다른 경금庚金을 만나면 칼자루도 두 개가 되어야 합니다. 그래야 제대로 쓸 수 있습니다.

## • 신금(辛金)

신금辛金은 작은 칼을 의미합니다. 경금庚金과 마찬가지로 신금辛金도 물이 있어야 능력을 발휘할 수 있습니다. 또한, 경금庚金과 마찬가지로 불은 필요 없습니다. 만약 불이 있다면 불을 끌 수 있는 물이 있으면 됩니다. 칼을 묻어버릴 수 있는 토土는 필요하지 않습니다. 작은 칼도 제대로 쓰기 위해서는 칼자루가 있어야 합니다. 칼자루가 없으면 능력을 발휘할 수 없고, 불이 있으면 칼이 무뎌지거나 칼자루가 타서 없어질 수 있습니다. 물이 있으면 숙살지권肅殺之權을 쥐게 됩니다.

신금辛金에게 또 다른 신금辛金이 있으면 칼자루가 두 개가 되어야 합니다. 그러나 두 개의 신금辛金에 칼자루가 하나만 있으면 가위로 보기도 합니다.

# 수(水)

수水는 흐르는 것, 움직이는 것, 스며드는 것을 말합니다. 해외, 유통업, 음식 등을 상징합니다.

## • 임수(壬水)

임수壬水는 큰 강물이나 호수를 의미합니다. 물은 제방, 즉 토土가 있어야 물길을 만들어 제대로 흐를 수 있으므로 임수壬水에게 토土는 관성이 됩니다. 주변에 적당한 나무가 있으면 수위 조절이 가능합니다. 물이 많아 습하면 햇빛도 필요합니다. 임수壬水에게 햇빛인 화火는 재성이 됩니다. 또한, 물은 근원지가 중요합니다. 그 근원지는 바위, 금金이 되고 금金은 임수壬水를 생해주는 오행이 됩니다. 임수壬水에게 근원지가 있으면 마르지 않는 샘이 됩니다.

그러나 제방인 토土가 없으면 어느 곳으로 흐를지 알 수 없게 되고, 또 넘쳐흘러 제멋대로 움직이게 됩니다. 나무가 없으면 수량 조절이 안 되며, 햇빛이 없으면 결실을 맺기 어렵습니다. 또한 수원지인 금金이 없으면 오랫동안 흘러가지 못하게 됩니다.

임수壬水에 임수壬水가 하나 더 있으면 수량이 많아진다고 보기도 하지만, 호수가 둘이 되어 태양이나 달이 어느 곳으로 뜰지 모르는 난감한 상황에 처한다고 보기도 합니다.

### • 계수(癸水)

계수癸水는 시냇물이나 샘물과 같습니다. 계수癸水도 제방이 있어야 물길을 제대로 잡아 잘 흘러갈 수 있습니다. 또한, 주변에 적당한 나무가 있어야 만물을 소생시키는 물의 기능을 제대로 할 수 있으며, 너무 습하면 안 되니 햇빛도 있어야 합니다. 그리고 물이 유입되는 근원지인 금金이 있으면 마르지 않는 샘이 됩니다.

제방인 토土가 없으면 어느 곳으로 흘러갈지 알 수 없게 되지만, 계수癸水는 작은 물이므로 토土가 너무 많으면 물이 스며들어 흔적이 없어지게 됩니다. 나무가 없으면 수량 조절이 되지 않고, 불이 없으면 결실이 약해집니다. 그리고 바위가 없으면 오랫동안 흘러가지 못하게 됩니다.

계수癸水에 또 하나의 계수癸水가 있으면 두뇌가 비상한 사람으로 판단합니다.

# 명(命)의 시간론

시간은 언제나 흘러갑니다. 시간이 흐른다는 것은 변하지 않는 사실이며, 그 흐름에 따라 사람의 운명도 변한다는 것을 의미합니다. 좋은 운에서 나쁜 운으로, 또 나쁜 운에서 좋은 운으로 흘러가는 것이 운명입니다.

사주명리학은 일간을 자신으로 봅니다. 그리고 연, 월, 일, 시는 시간의 흐름과 관계가 있습니다. 사주명리학을 근묘화실根苗花實 측면에서 볼 수 있는데, 근根은 뿌리, 묘苗는 새싹, 화花는 꽃, 실實은 열매를 말합니다. 이렇게 근묘화실 측면에서 보면 연주는 나의 뿌리이므로 국가, 조부모 또는 부모의 자리로 보고, 월주는 부모 또는 형제 자리로 봅니다. 일주는 일간의 경우에는 자신을 의미하고, 일지의 경우에는 배우자 자리를 의미합니다. 시주는 자녀 자리입니다. 따라서 연, 월, 일, 시를 통해 사람의 인연을 판단합니다.

어려서는 부모님과의 인연이 중요하고, 자라면서 형제 혹은 배우자와의 인연이 중요하며, 늙어서는 자식들과의 인연이 중요합니다. 전반적인 인생을 놓고 보면 각 주를 20년 정도로 계산하면 됩니다. 연주는 태어나서부터 20세까지를, 월주는 21세에서 40세까지를, 일주는 41세에서 60세까지를, 시주는 61세에서 마지막까지의 운運을 주관한다고 볼 수 있습니다.

명命의 시간론이라는 측면에서 보면 사주의 연, 월, 일, 시의 흐름과 그 흐름이 수렴하는 오행을 통해 그 사람의 직업과 재물운을 가늠해 볼 수 있습니다.

예를 들어 임수壬水 일주의 시지가 병진丙辰이라면 임수壬水에게 있어 병화丙火는 재물을, 진토辰土는 명예를 의미하므로 결국 재물을 통해서 명예를 얻는 쪽으로 흘러간다고 해석하게 됩니다.

그럼 실제 사주명조 사례를 통해서 그 관계를 알아보겠습니다.

| 편인 | 일원 | 정관 | 편재 |
|:---:|:---:|:---:|:---:|
| 乙 | 丁 | 壬 | 辛 |
| 巳 | 卯 | 辰 | 巳 |
| 겁재 | 편인 | 상관 | 겁재 |
| 木(2) | 火(3) | 土(1) | 金(1) | 水(1) |

이 사주를 명命의 시간론 측면에서 해석하면 다음과 같습니다. 먼저 근根에 해당하는 국가 자리인 연주는 신사辛巳로 재물을 의미합니다. 20세까지의 재물은 부모의 도움이 있다는 것을 의미하고, 본인 입장에서는 공부보다는 돈벌이 또는 친구들과 재미있게 노는 것에

더 큰 관심을 갖는 시기를 뜻합니다.

묘卯에 해당하는 월주는 임진壬辰으로 20세에서 40세까지의 기간에는 직장 및 명예와 관련된 운이 옵니다. 정임합丁壬合이 되어 있으니 직장 생활을 해야 할 상황으로 해석됩니다. 그 이후에는 재물이나 명예보다는 본인을 생해주는 오행들로 쌓여 있어 아내의 내조를 받고, 자식들로부터 도움을 받는 운으로 흘러갈 것으로 예상되는 사주입니다.

특히 정화丁火에게는 금金이 재물이 되는데, 지지에 있는 사화巳火는 사유축巳酉丑으로 금金이 되고, 진토辰土는 진유합辰酉合으로 금金과 관련이 있습니다. 즉, 살면서 재물로 고통을 받는 일은 없을 것으로 예상되는 사주입니다.

# 명(命)의 태극성취론

동양학에서는 우주를 음양오행으로 설명하고 있습니다. 태극 太極 은 음陰과 양陽이 분화되기 전인 무극無極에서 음과 양이 갈라지려고 하는 모습을 형상화한 것입니다. 즉, 무극에서 태극으로, 태극에서 음양의 양의兩儀가 생겨 사상四象을 이루고, 사상이 팔괘八卦로, 또 팔괘가 64괘로 분화됩니다.

우리가 알고 있는 태극은 음양이 반으로 나누어진 정교한 모양입니다. 그러나 앞서 살펴본 바와 같이 사주에서는 오행이 모두 갖춰지지 못한 경우도 많이 있습니다. 즉, 사람에게 주어진 태극이 모두 같은 모양새는 아니라는 뜻입니다. 다시 말해 부족하거나 불균형인 태극의 존재도 생각해야 합니다.

　이런 모양의 태극인 것이죠. 결국 사주원국은 불완전한 태극을 의미하는 것이고, 10년 단위로 흘러가는 대운을 통해서 균형을 잡아가는 과정으로 봐야 합니다.

　자신에게 주어진, 균형이 잡히지 않은 태극을 균형이 잘 잡힌 모양의 태극으로 만들기 위해 사람들은 부족한 것은 채우고, 넘치는 것은 덜어내는 일을 하게 됩니다. 그래서 궁극적으로 우리가 알고 있는 일반적인 모양의 태극을 완성해 나가는 것입니다. 이것을 명命의 태극 성취론이라고 합니다.

　예를 들어, 사주에 목木 기운이 부족한 사람은 목木과 관련된 일, 즉 사람을 자주 만나거나 공부를 하는 일을 통해 목木 기운을 보충합니다. 또한, 사주에 수水 기운이 부족한 사람들은 수水와 관련된 일, 즉 심신수련을 하거나 해외를 오고 가는 일을 하면서 수水 기운을 보충해 나갑니다. 이렇듯 태극의 균형을 이루기 위해 많은 것은 덜어내고, 부족한 것은 채워 나가는 것을 직업 또는 결혼을 통해 해결하려고 합니다. 물상법에서는 이런 과정을 짚어가면서 사주를 해석합니다.

| 비견 | 일원 | 편관 | 식신 |
|---|---|---|---|
| 壬 | 壬 | 戊 | 甲 |
| 寅 | 寅 | 辰 | 辰 |
| 식신 | 식신 | 편관 | 편관 |

木(3)　火(0)　土(3)　金(0)　水(2)

　이 사주는 오행 중 화火와 금金이 없는 사주입니다. 태극성취를 위해서는 화火, 금金과 관련된 일을 해야 합니다. 화火는 방송, 예술, 교육, IT 등과 관련이 있고, 금金은 법, 금융, 경제, 경영, 생명과학, IT 등과 관련이 있습니다. 위 사주는 경영학을 전공했고, 학교에서 강의하면서 방송 출연도 열심히 하는 사람의 사주입니다. 이렇게 사람들은 자신에게 필요한 오행과 관련된 일을 하면서 인생을 완성시켜 나가게 되는데, 이것이 바로 명命의 태극성취론입니다.

# 사주로 간단히 알아보는 궁합

궁합은 사람과 사람 사이의 인연을 알아보는 방법입니다. 흔히 궁합이라고 하면 남녀 간의 관계가 좋을 것이냐를 가늠해 보는 방법을 말합니다. 예전부터 보던 궁합은 서로 상생하는 구조인지, 상극하는 구조인지를 따져서 상생은 좋은 것이고, 상극은 나쁜 것으로 판단했습니다. 그러나 궁합의 해석도 시대에 맞게 달라져야 합니다.

남녀가 서로 만날 때는 서로 사랑해서 만나는 경우도 있고, 이해타산을 따지면서 만나는 경우도 있고, 그 밖에 서로 원하는 바에 따라 만나는 경우도 있습니다. 이때 서로 간에 어떤 생각으로 만나서 사랑하는지를 알게 되면 그들이 길게 같이 살 것인지, 그렇지 않고 짧게 만나고 말 것인지를 알아볼 수 있습니다.

이 과정에서의 핵심도 부족한 오행을 채워주는지의 여부와 서로 원하는 바가 재물인지, 아니면 명예인지를 따져서 살펴보는 것입니다. 실제 부부의 사주를 가지고 살펴보겠습니다.

| 정관 | 일원 | 겁재 | 정인 |
|------|------|------|------|
| 己 | 壬 | 癸 | 辛 |
| 酉 | 子 | 巳 | 亥 |
| 정인 | 겁재 | 편재 | 비견 |

木(0)  火(1)  土(1)  金(2)  水(4)

남편의 사주

| 비견 | 일원 | 편재 | 식신 |
|------|------|------|------|
| 庚 | 庚 | 甲 | 壬 |
| 辰 | 寅 | 辰 | 子 |
| 편인 | 편재 | 편인 | 상관 |

木(2)  火(0)  土(2)  金(2)  水(2)

아내의 사주

남편의 사주에는 목木이 없습니다. 그리고 아내의 사주에는 화火가 없습니다.

아내는 경금庚金 일간으로 관성이 되는 화火가 없습니다. 즉, 남편을 뜻하는 관성이 없으니 남성을 필요로 하는 사주입니다. 흔히 나에게 없는 것은 당긴다고 합니다. 그래서 남편이 될 사람과 사랑에 빠지는 사주 구성입니다. 특히 금金은 물에서 놀아야 하는데 남편의 큰 물을 이용하면 아내 입장에서는 남편을 만나 편안함을 느끼고 능력도 발휘할 수 있는 조건이 됩니다.

남편에게는 목木이 없습니다. 그런데 아내에게는 목木이 두 개나 있습니다. 따라서 남편은 자신에게 필요한 목木을 가진 사람과 만나야 됩니다. 남편에게 목木이란 자신을 생해주는 오행입니다. 자신을 아끼고 사랑해줄 수 있는 상대가 바로 아내인 것입니다. 이 부부의 궁합은 이해타산에 의한 것이 아니라 사랑해서 만나 결혼하여 사는 것으로 해석할 수 있습니다.

다른 사례를 보겠습니다.

| | | | |
|---|---|---|---|
| 정관 | 일원 | 정인 | 정인 |
| 癸 | 丙 | 乙 | 乙 |
| 巳 | 子 | 酉 | 丑 |
| 비견 | 정관 | 정재 | 상관 |
| 木(2) | 火(2) | 土(1) 金(1) | 水(2) |

남성의 사주

| | | | |
|---|---|---|---|
| 상관 | 일원 | 정인 | 정재 |
| 辛 | 戊 | 丁 | 癸 |
| 酉 | 申 | 巳 | 酉 |
| 상관 | 식신 | 편인 | 상관 |
| 木(0) | 火(2) | 土(1) 金(4) | 水(1) |

여성의 사주

여성의 사주에는 관성인 목木이 없습니다. 즉, 여성에게는 목木을 가진 남성이 필요하다는 뜻입니다. 그런데 남성의 사주에 을목乙木이 두 개나 있습니다. 문제는 무토戊土 일간인 여성에게 을목乙木은 상처를 줄 수 있습니다. 이 관계는 여성이 상처를 받는 관계가 될 가능성이 큽니다.

남성은 병화丙火 일간이고 재물은 금金이 됩니다. 그런데 여성의 사주에 금金이 네 개나 있습니다. 그렇다면 남성이 여성을 사랑하는 이유가 돈 때문일 수 있습니다. 여성을 돈으로 보며, 여성이 가진 재물을 탐내는 관계일 수 있습니다. 이때는 이해타산이 개입되는 궁합으로 그다지 좋지 않은 궁합니다. 물론, 결혼의 여부는 본인들의 선택입니다.

이러한 관점에서 본다면, 내가 하는 일과 관련된 사람들과의 사주를 통해 서로가 서로에게 필요한 존재인지를 파악할 수 있고, 다른 사람이 나를 어떻게 생각하고 있는지를 대략 짐작할 수 있습니다. 이러한 정보는 사주명리를 통해 알아낼 수 있는 것 중 하나입니다.

# 제12장

# 추길피흉, 안분지족의 주식 투자

※ 사주명리로 부자되기, 주식 투자 치트키 ※

# 사주로 풀어 보는
# 삼성그룹의 이재용 회장

**이재용**
Lee Jaeyong
삼성그룹 회장

삼성그룹 이재용 회장은 창업자의 3세 승계자로, 마침내 삼성그룹의 회장 자리에 올랐습니다. 그룹을 승계하는 과정에서 잡음이 있긴 했지만 현재는 명실공히 우리나라 최고 기업의 경영자입니다. 그만큼 책임감도 더 커졌다는 의미입니다. 이재용 회장의 사주 분석을 통해 삼성그룹의 미래를 살펴보겠습니다.

## 이재용 회장은 어떤 사람인가?

| 정인 | 일원 | 편재 | 편재 |
|---|---|---|---|
| 癸 | 甲 | 戊 | 戊 |
| 酉 | 子 | 午 | 申 |
| 정관 | 정인 | 상관 | 편관 |

| 木(1) | 火(1) | 土(2) | 金(2) | 水(2) |
|---|---|---|---|---|

| 庚 辛 | 壬 癸 | 丙己丁 | 戊壬庚 |
|---|---|---|---|

| 85 | 75 | 65 | 55 | 45 | 35 | 25 | 15 | 4.6 |
|---|---|---|---|---|---|---|---|---|
| 丁 | 丙 | 乙 | 甲 | 癸 | 壬 | 辛 | 庚 | 己 |
| 卯 | 寅 | 丑 | 子 | 亥 | 戌 | 酉 | 申 | 未 |

이재용의 사주

이재용 회장은 커다란 나무와 같습니다. 갑목甲木은 천간의 첫 글자이므로 우두머리 기질이 있는 사람입니다. 큰 나무는 넓은 땅에 심어져야 하고, 나무를 키울 수 있는 물이 필요합니다. 또한, 나무에 꽃을 피우기 위해서는 태양이 있어야 하고, 전지를 위해서는 전지가위 역할을 하는 금金도 있어야 합니다. 이재용 회장은 큰 땅에 심어진 나무이고 충분한 물도 있지만, 나무의 꽃을 피울 태양이 천간에 없는 것은 아쉽습니다. 큰 나무에게 재물은 땅이며, 명예는 금金 기운이 됩니다.

## 오행 분석

이 사주는 갑목甲木 일간에 오행이 균형 있게 자리잡고 있습니다. 지지에 지하수가 흐르고 있지만, 자오묘유子午卯酉가 발동하게 되면 어려움이 뒤따를 수 있는 오행의 구조입니다.

## 사주 해석

이 사주는 재물을 의미하는 땅이 국가 자리 또는 조부모 자리와 부모 자리에 자리를 잘 잡고 있습니다. 조부와 부친으로부터 재물을 물려받는 타고난 재벌가의 자제입니다. 땅에 심어진 나무가 꽃을 피우기 위해서는 태양이 필요한데, 천간의 무계합戊癸合이 이루어지면 꽃을 피울 수 있는 중요한 기재가 됩니다.

지지에 자오묘유子午卯酉*의 개연성이 커 자칫 송사訟事에 얽히거나 몸이 아플 수 있다는 점도 기억해야 합니다. 이를 피하기 위해서는 그중 한 글자를 이용하는 일을 하면 되는데, 지지에 있는 유금酉金은 금金 기운이므로 IT 또는 생명과학 쪽에 일을 하면 됩니다. 부친인 이건희 회장은 반도체에 집중했지만, 이재용 회장은 바이오헬스 쪽으로 사업을 주력하고 있습니다. 이는 사주명리로 봤을 때 좋은 결정입니다.

---

\* 자오묘유(子午卯酉)가 발동하면 생년이나 일주를 막론하고 도화 기운이 작용한다.

## 대운 분석

이재용 회장은 15세 경신庚申 대운에 속한 1986년 병인丙寅년에 본인을 꽃피울 태양이 오고, 지지에도 화국火局을 이뤄 태양이 더욱 밝아지는 사주였습니다. 그는 그 해에 서울대학교에 입학했습니다. 그러나 그 이후에는 나무에 꽃을 피울 태양을 갖지 못해서 2001년까지 유학 등을 하며 공부했습니다. 그는 45세 계해癸亥 대운에 속한 2014년 갑오甲午년에 부친이 쓰러지면서 실질적인 총수가 되었습니다. 당시 두 개의 계수癸水가 무토戊土와 합하며 불을 만들면서 이재용 회장이 꽃필 수 있는 조건이 만들어졌습니다. 2017년 정유丁酉년에는 유금酉金이 오면서 자오묘유子午卯酉가 발동되어 구속 등의 어려움을 겪기도 했으니 자오묘유子午卯酉를 조심해야 하는 것이 증명된 셈입니다.

이재용 회장은 2023년을 기준으로 55세 갑자甲子 대운을 지나고 있습니다. 본인을 키울 수 있는 수水 기운이 왔으니 더욱 성장하는 모습을 보일 것으로 예상됩니다. 그리고 다음은 65세 을축乙丑 대운으로 을목乙木이 경금庚金을 불러오고, 지지는 사유축巳酉丑이 되어 금국金局이 됩니다. 금金은 명예가 되는 운이므로, 이재용 회장에게 좋은 운으로 작용할 것입니다.

삼성그룹은 누가 뭐라 해도 우리나라 최고의 기업입니다. 그리고 많은 투자자가 주식을 가지고 있는 국민 기업이라고 볼 수 있습니다. 총수의 운이 좋은 쪽으로 흘러가니 기업이 흔들리는 등의 낭패는 없을 것으로 판단됩니다. 그러니 삼성 관련주에 투자한 투자자들은 기업의 실적을 잘 살펴가면서 투자하면 되겠습니다.

# 나는
# 어떤 투자자인가?

주식 투자자들은 자신이 어떤 투자자인지 정확히 모르는 경우가 많습니다. '나를 알고 적을 알면 백 번을 싸워도 위태로워지지 않는다.'는 말을 생각해 보면 내가 어떤 투자자인지 알아보는 것도 중요합니다.

**< 투자자 성향 구분 >**

| | | 투자 성향 | |
|---|---|---|---|
| | | 단기 투자 성향<br>Short-Term | 장기 투자 성향<br>Long-Term |
| 투자 경험 | 초보 투자자<br>Beginner | 초보/단기 투자 성향<br>(B-S형 투자자) | 초보/장기 투자 성향<br>(B-L형 투자자) |
| | 경험 많은 투자자<br>Experienced | 경험자/단기 투자 성향<br>(E-S형 투자자) | 경험자/장기 투자 성향<br>(E-L형 투자자) |

투자자의 투자 성향을 구분하는 방법은 많습니다. 투자자가 수용할 수 있는 위험 정도에 따라 공격투자형, 적극투자형, 위험중립형, 안정추구형, 안정형 등으로 구분하는 것이 증권사들의 고객 분류 방법입니다. 그러나 이 책에서는 투자 경험에 따라 초보 투자자와 경험

많은 투자자로 구분하고, 그들의 투자 성향에 따라 단기 투자 성향과 장기 투자 성향으로 나눠서 살펴보겠습니다.

## 초보/단기 투자 성향(B-S형 투자자)

B-S형 투자자는 투자에 실패할 가능성이 큰 사람들입니다. 이들은 빨리 돈을 벌고 싶은 욕심이 앞서서 마구잡이로 투자할 가능성이 큽니다. 이런 투자자는 재물운에 기대서 투자하는 것이 필요합니다. 만약 재물운이 좋지 않은 때에 투자하면 백전백패 할 가능성이 크기 때문입니다.

## 초보/장기 투자 성향(B-L형 투자자)

B-L형 투자자도 투자에 실패할 가능성이 있습니다. 초보자가 장기 투자에 나서는 경우는 대부분 투자 손실로 인해 매수한 주식을 방치하면서 어쩔 수 없이 장기 투자에 나서는 경우가 많기 때문입니다. 이런 투자자는 철저하게 부도가 날 가능성이 없고, 실적이 유지되는 종목을 사야 합니다. 그리고 자신의 대운 흐름을 잘 읽어야 합니다.

## 경험자/단기 투자 성향(E-S형 투자자)

E-S형 투자자는 주식 시장에서 선수라고 불리는 사람들입니다. 시세의 흐름을 잘 읽고 단기 파동을 이용해서 수익을 누적시키는 사람들입니다. 이런 사람들은 감정을 배제하고 매매할 수 있는 심리 상태를 가지는 것이 필요합니다. 또한, 대운이나 세운으로 일간이 묶이거나 지지에 인신사해寅申巳亥, 자오묘유子午卯酉, 진술축미辰戌丑未가 이뤄지는 등 주식을 해서는 안 되는 운이 왔을 때를 조심해야 합니다. 흔히 하는 말로 살 때마다 물려 들어갈 수 있기 때문입니다. 특히 단기 투자 성향이므로 세운뿐만 아니라 월운도 같이 따져보며 투자해야 합니다.

## 경험자/장기 투자 성향(E-L형 투자자)

주식 투자에서 성공 가능성이 제일 큰 투자자 유형입니다. 많은 경험을 가진 사람이 장기 투자에 나서는 이유는 시장의 큰 파동을 봤을 때, 짧으면 4~5년, 길면 10년에 한 번씩 큰 장이 서기 때문입니다. 이때 큰 수익을 얻을 수 있죠. 문제는 그 기간 동안 투자한 회사에 횡령이나 부도 등이 일어날 가능성이 있으니, 투자 기간 동안 주식 투자를 해서는 안 되는 운이 오면 투자 비중을 조절하는 전략을 가질 필요가 있습니다.

# 주식이 안될 때는 10년을 기다린다고 생각하라

주식 투자는 크게 보면 경기 파동에 따라 투자하는 것이 중요합니다. 경기 파동은 주기에 따라 다음과 같이 구분할 수 있습니다.

## 콘트라티예프 파동

콘트라티예프 파동Kondratiev Wave은 경기 변동의 종류 중 장기에 걸쳐 나타나는 파동입니다. 이 파동은 러시아 경제학자 니콜라이 콘트라티예프Nikolai Kondratiev가 1925년에 발표한 것으로, 그 주기의 길이가 50~60년인 장기 파동입니다. '창조적 파괴'로 유명한 경제학자인 조지프 슘페터Joseph Schumpeter는 콘트라티예프 파동이 산업혁명기의 증기 기관 및 철도의 발전, 철강 생산의 확대기, 전력과 화학 그리고 자동차 산업의 발전기 등과 같은 일련의 기술 혁신과 이에 따른 투자 확대에 기인한다고 설명했습니다. 콘트라티예프 파동을 일으키는 중요한 요인 중에는 전쟁과 신新 에너지원의 출현도 관련 있습니다. 과거 콘트라티예프 파동의 진행 과정을 살펴보면 다음과 같습니다.

| 제1파동<br>1770년대 말~1830년대 | 산업혁명기(증기 기관, 방적기의 발명) |
|---|---|
| 제2파동<br>1840년대 말~1890년대 | 철강, 철도 산업의 발전 |
| 제3파동<br>1890년대 초~1930년대 | 자동차, 전기, 화학공업의 발전 |
| 제4파동<br>1940년대~1980년대 | 전자, 석유화학, 항공 산업의 발전 |
| 제5파동<br>1990년대~현재 진행중 | 정보 통신, 신소재, 생명공학 등 |

그런데 여기서 한 가지 고민해야 할 부분이 있습니다. 과거에는 기술의 발전 속도가 빠르지 않기 때문에 하나의 기술 혁신이 나온 후에 긴 시간을 두고 새로운 기술이 나타났습니다. 그래서 콘트라티예프 파동이 비교적 단순했지만, 최근에는 기술 혁신의 속도가 매우 빨라져 서로 다른 분야에서 다양한 콘트라티예프 파동이 나타날 수 있다는 점입니다.

## 주글라 파동

주글라 파동Juglar Wave은 그 주기가 6~10년 정도인 파동으로, 주로 기업의 설비 투자 변동으로 일어나는 중기 파동입니다. '설비 투자 순환'이라고도 하는 주글라 파동은 경제학자 클레멘트 주글라Clement Juglar가 영국, 프랑스, 미국의 주기적인 경기 침체를 규명하기 위한 연구로부터 알아냈습니다. 1803년부터 1882년 사이의 가격, 이자율, 중앙은행 잔고 등의 자료를 분석하고, 그 결과 호황, 침체, 파산 등의 3단계 현상이 반복되는 것을 알아냈죠.

## 키친 파동

키친 파동Kitchin Wave은 미국의 조셉 키친Joseph Kitchin이 발견한 단기 파동으로, 평균 40개월을 한 주기로 하는 경기 변동입니다. 키친 파동의 원인은 도매 물가, 이자율의 변동 등으로 연구되었습니다. 즉, 통화 정책의 변동이 단기 파동을 일으킨다는 겁니다.

세 개의 파동 중 주식 투자자들이 가장 많이 사용하는 것은 평균적으로 약 40개월 정도의 주기를 가지고 있는 단기 파동인 키친 파동입니다. 그런데 단기 파동은 너무 짧게 지나갈 수 있기 때문에 자칫 주식을 제대로 팔지 못하고 손해를 본 상태에서 끝나는 경우도 있습니다. 이럴 때는 기업의 설비 투자 사이클과 맞닿아 있는 주글라 파동을 이용하는 것도 한 방법입니다. 설비 투자가 늘어난다는 것은 그만큼 중기적으로 경기가 좋아진다는 것을 의미하기 때문입니다.

그런데 10년 주기의 경기 파동을 사주명리와 접목하면 하나의 대운이 지나가는 시간과 같습니다. 예를 들어 사주가 탁해져서 손해를 보고 있다면 그 탁한 기운이 사라지는 데 10년이 걸릴 수 있습니다. 그 밖에 인신사해寅申巳亥, 자오묘유子午卯酉, 진술축미辰戌丑未에 걸렸을 때도 기운을 벗어나기 위해 10년의 시간이 필요할 수 있습니다. 그런

점에서 주식 투자가 잘 안될 때는 마음 편하게 10년을 기다린다는 생각을 가지고 접근하는 것이 필요합니다.

문제는 10년을 기다려야 하는 자금의 성격입니다. 그래서 주식 투자에 투입하는 자금의 성격은 다음 두 가지 조건을 반드시 충족해야 합니다.

첫째, 절대 빚을 내서 투자하지 않아야 합니다. 부채는 반드시 갚아야 하는 기간이 있는 돈입니다. 이런 돈으로 주식 투자를 하면 부채 만기가 돌아올 때 마음이 급하고 초조해져서 제대로 된 투자를 할 수 없습니다. 즉, 10년을 기다릴 수 있는 조건이 되지 않습니다.

둘째, 돈을 다 잃어도 자신의 생활에 전혀 지장이 없는 규모의 자금이어야 합니다. 투자자 중에 빨리 돈을 벌어야겠다는 생각으로 무리하게 투자 규모를 늘리는 사람들이 있습니다. 그럴 경우에는 유동성이 묶이게 되어 주식을 팔지 않아야 할 때 어쩔 수 없이 주식을 팔아서 자금이 필요한 다른 곳으로 돌리는 경우가 있습니다. 이런 자금으로는 제대로 된 투자를 할 수 없습니다.

주식 투자를 전업으로 하는 사람이 아니라면 주식 투자는 재테크의 한 부분입니다. 그래서 너무 편중된 자금 투입으로 인한 심리적인 흔들림이 있어서는 안 됩니다. 투자를 하면 손해를 보기도 하고, 이익을 보기도 합니다. 손해를 봤을 때 상황 관리를 잘할 수 있어야 성공적인 투자가 가능합니다.

# 사주에 적합한 투자 방법,
# 복리 투자

　주식 투자는 복리 투자 개념으로 접근하면 성공할 가능성이 큽니다. 그래서 복리의 개념을 확실히 아는 것은 매우 중요합니다.

　복리의 효과를 이해하는 제일 쉬운 방법은 '72의 법칙'을 따져보는 것입니다. '72의 법칙'이란 숫자 72를 연간 복리 이자율로 나누면 원금의 두 배가 되는 시기를 알 수 있다는 법칙입니다. 예를 들어 이자율이 5%라면 '72 ÷ 5 = 14.4'이므로 14.4년 후에 원금이 두 배가 됩니다. 10%라면 7.2년, 20%라면 3.6년 후에 원금이 두 배가 됩니다. 이렇게 본다면 성공적인 주식 투자는 복리 수익률을 극대화하는 방향으로 투자해야 하는 것으로 이해할 수 있습니다.

　재미있는 예가 하나 있습니다. 1626년에 인디언들은 뉴욕시의 맨해튼을 24달러 상당의 장신구 및 구슬과 맞바꾸었다고 합니다. 지금 생각하면 인디언들이 몹시 어리석은 것처럼 생각될 수 있지만, 그 24달러를 복리로 투자했다고 가정하면 결과는 달라집니다.

만약 그들이 연리 8%로 투자할 수 있었다면 390년이 지난 2020년
에는 634조 달러가 조금 넘는 금액이 됩니다. 이 정도의 돈이면 지금
높은 건물들이 즐비한 맨해튼을 모두 사고도 남는 돈이 될 것입니다.
만약 그들이 6%로 투자했다면 3,132억 달러가 되어 있을 것이며,
4%로 투자했다면 1억 4,357만 달러에 불과할 것입니다. 단 2%씩의
차이지만 그 차이가 누적될수록 훗날 받게 되는 금액의 차이는 엄청
난 결과로 나타납니다.

보다 명확한 예를 들어 보겠습니다. 만약 지금 1억 원의 원금을 가
진 사람이 연리 5%, 10%, 15%, 20%로 투자한다고 했을 때 10년 후,
20년 후, 30년 후의 원금은 얼마가 되어 있을까요? 이를 계산해 보면
다음과 같습니다.

| 투자 기간 | 5% | 10% | 15% | 20% |
|---|---|---|---|---|
| 10년 | 162,889,463원 | 259,374,246원 | 404,555,774원 | 619,173,642원 |
| 20년 | 265,329,771원 | 672,749,995원 | 1,636,653,739원 | 3,833,759,992원 |
| 30년 | 432,194,238원 | 1,744,940,227원 | 6,621,177,196원 | 23,737,631,380원 |

1억 원을 5%의 이자율로 10년 동안 투자하면 1억 6,288만 9,463
원이 되지만, 이를 30년 동안 투자하면 4억 3,219만 4,238원이 됩
니다. 또, 같은 1억 원을 20%로 10년 동안 투자하면 6억 1,917만
3,642원이 되지만, 이를 30년 동안 투자하면 237억 3,763만 1,380원
이 되는 것을 알 수 있습니다.

즉, 투자라고 하는 것은 '얼마나 높은 복리 수익률로 얼마나 긴 시간 동안 투자할 수 있는가?'하는 문제로 귀착된다고 할 수 있습니다. 복리 수익률을 극대화하는 것이야 말로 주식 투자의 바탕이 되는 개념입니다.

이제 주식 투자를 다시 한번 생각해 보면, 성공 가능성이 높은 투자는 사업 전망이 좋은 기업을 고르고, 그중에서 복리 수익률을 극대화시킬 수 있는 기업에 투자하는 것입니다. 즉, 가장 높은 복리 수익률로 가급적 장기간에 걸쳐 투자할 수 있는 것이 바로 진정한 주식 투자입니다.

이렇게 복리에 기반을 둔 투자를 한다면 이는 사주명리에서 말하는 운의 흐름을 타면서 투자할 수 있는 아주 좋은 투자법이 될 겁니다.

또한, 주식 투자는 밥솥에 밥을 짓는 것과 같고, 농사를 짓는 것과 같습니다. 밥솥에 밥을 할 때는 좋은 쌀을 사서 잘 씻고 끓이는 것도 중요하지만, 뜸을 얼마나 잘 들이느냐에 따라 밥맛이 달라집니다. 조급하면 밥이 설익고, 시간을 놓치면 밥이 타버릴 수 있습니다. 농사도 마찬가집니다. 모든 것에 때가 있듯이 좋은 모종을 사서 적당한 시기에 파종하고 관리를 잘하면 수백, 수천 배의 수확이 가능합니다. 하지만 너무 서두르면 작물이 냉해를 입을 수 있고, 때를 놓치면 작물이 웃자라기만 하고 열매를 맺지 못하는 일이 벌어질 수도 있습니다. 이렇듯 자연의 순환 과정을 잘 이해하면 의외로 쉽게 사주명리의 원리를 터득할 수 있게 됩니다.

주식 투자자에게 명리학의 기본 정신을 통해 투자 원칙을 제시해 봅니다. 명리학의 기본 정신은 다음과 같습니다. 어려운 말 같기도 하지만 가만히 읽어 보면 그 뜻을 알 수 있습니다.

| | |
|---|---|
| 안분지족安分知足 | 분수를 편안히 여기고 만족할 줄 알면 |
| 추길피흉趨吉避凶 | 길함을 추구하고 흉함을 피할 것이고 |
| 제욕중절制欲中節 | 욕망을 제어하고 절도를 지키면 |
| 교화치평教化治平 | 가르침의 조화와 정치가 태평할 것이다. |
| 연이然而 | 그러나 |
| 역명부지족逆命不知足 | 자신의 운명을 거스르고 만족할 줄 모른다면 |
| 추길반위흉趨吉反爲凶 | 길함을 추구한다 하더라도 오히려 재앙이 될 것이다. |
| 과욕부중절過欲不中節 | 지나치게 욕심을 부리고 과욕을 절제하지 못하면 |
| 교화필위란教治必爲亂 | 교육을 하든 정치를 하든 모든 행위에 반드시 혼란이 올 것이다. |

즉, 명리학이란 자신에게 주어진 명命과 운運을 알고 분수를 지키면서 사는 사람에게는 행복이 오지만, 자신의 명과 운을 거슬러 살아가는 사람에게는 재앙이 온다는 겁니다.

여기서 중요한 것은 자신의 명과 운을 아는 것이 먼저이고, 그 안에서 안분지족하는 삶을 사는 것이 두 번째입니다. 주식 투자자들도 자신의 명과 운을 알고 분수를 지키면서 투자에 나서면 나쁜 것은 피하고 좋은 것만 추구할 수 있는 길을 찾을 수 있습니다. 모쪼록 주식 시장에 참여하는 많은 투자자들이 성공적인 투자를 통해 모두 행복한 삶을 살아가시길 진심으로 기원합니다.

# 부족한 오행을 채우는 방법

얼마 전 동생으로부터 전화가 왔습니다. 자동차를 새로 구입해야 하는데, 어떤 색상으로 하면 좋냐는 용건이었습니다. 그래서 무난하게 진주색이 어떠냐고 답을 했더니, 누가 그러는데 본인의 사주에는 금金이 없기 때문에 흰색으로 해야 한다고 했다는 겁니다. 그래서 웃으면서 그건 아니라고 말해주었습니다.

흔히 사주를 보는 곳에 가면 화火가 필요하면 붉은색 속옷을 입고, 수水가 필요하면 검은색 속옷을 입으라고 조언하는 사람들이 있습니다. 우스운 이야기입니다. 속옷 색으로 사람의 운이 바뀐다는 것은 실제로는 효과가 없습니다. 플라시보 효과* 정도는 있을 수 있겠지만 말입니다.

## 부족한 오행은 이런 행동을 해 봅시다

### •목(木)이 부족한 경우

목木은 공부와 관련 있습니다. 그래서 부족한 목木을 채우기 위해서는 공부를 오랜 시간 하는 것이 좋습니다. 또한, 목木은 인仁을 의미합니다. 그래서 어려운 사람들을 위해 봉사하면 채울 수 있습니다.

---

\* 심리적 요인에 의해 병세가 호전되는 현상인 위약(僞藥) 효과

## • 화(火)가 부족한 경우

화火는 밝음의 상징입니다. 그래서 화火가 없는 사람은 우울해질 수 있으므로 화火를 채우기 위해서는 많이 웃어야 합니다. 여성이라면 화장을 조금 더 밝게 하는 것도 방법이 될 수 있습니다. 또한, 화火는 예禮와 관련이 있습니다. 화火가 없는 사람은 예의가 부족할 수 있으니 상대를 대할 때도 조심하는 것이 좋습니다.

## • 토(土)가 부족한 경우

토土는 중앙을 의미합니다. 나라로는 중국을, 우리나라에서는 충청도 지역을 의미합니다. 그래서 토土가 부족한 사람은 충청도 쪽으로 이사를 가거나 중국과 관련된 일을 하면 좋습니다.

## • 금(金)이 부족한 경우

금金이 부족한 경우는 조금은 우스운 이야기이지만, 노래방에서 노래를 많이 부르는 것이 좋다고 합니다. 탬버린도 같이 치면서 놀아주는 것이 금金을 채우는 좋은 방법이라고 합니다. 또한, 금金은 외국어와 관련이 있습니다. 그래서 외국어, 특히 미국과 유럽 언어인 영어, 불어, 독일어 등을 배우면 좋습니다.

## • 수(水)가 부족한 경우

수水는 건강과 밀접한 관련이 있습니다. 그래서 밤에 잠을 잘 자는 것이 중요합니다. 특히 수水 기운이 들어오는 해자축亥子丑시, 즉 오후 9시 반부터 새벽 3시 반 사이에는 반드시 잠을 자야 합니다. 그중 수水 기운이 가장 강한 시간은 자子시로 11시 반부터 1시 반 사이에 잠을 자면 수水 기운을 보충할 수 있습니다.

그리고 수水는 해외와 관련이 있으니 외국 유학이나, 해외 여행을 많이 하는 것도 도움이 됩니다. 또한, 수水는 지혜를 의미합니다. 지혜는 침묵과 사색에서 나오므로 수水가 부족한 사람들은 침묵 중에 참선을 하는 것을 권합니다.

최근 사주를 연구하는 사람들의 말에 의하면 수水가 부족한 것이 암 발생 확률과 의미 있는 상관 관계가 있는 것으로 보인다고 하니 수水 기운 관리에 좀 더 신경을 써야 합니다.

## 이런 곳에 살면 부족한 오행을 채울 수 있습니다

사람이 사는 곳도 오행과 관련이 있습니다. 자신이 사는 곳의 지명을 가만히 살펴보면 어떤 기운이 충만한 곳인지 알 수 있습니다. 예를 들어 종로구는 종鐘이 쇠와 관련 있으니 금金 기운이 많은 곳입니다. 그리고 양수리兩水里는 우리말로 두물머리, 즉 두 개의 물길이 하나로 합쳐지는 곳이란 뜻으로 수水 기운이 강합니다. 이렇게 동네 이름을 통해서 오행의 기운을 알아볼 수 있습니다.

또한, 5일장이 서는 지방의 경우에는 장이 서는 날짜로 그 고장의 오행 기운을 알 수 있습니다. 예를 들어 1일과 6일에 장이 서면 수水 기운이, 2일과 7일에 장이 서면 화火 기운이, 3일과 8일에 장이 서면 목木 기운이, 4일과 9일에 장이 서면 금金 기운이, 5일과 10일에 장이 서면 토土 기운이 강한 것으로 볼 수 있습니다. 예를 들어 가평 읍내장은 5일과 10일에 열리므로 토土 기운이 강한 곳입니다. 춘천장은 2일과 7일에 열리므로 화火 기운이 강한 곳입니다. 춘천은 호반의 도시로 물과 관련 있을 것으로 생각되지만 실제로 옛날 사람들은 화火 기운이 강한 곳으로 판단했습니다. 또한, 강원도 화천장은 3일과 8일에 장이 열리므로 목木 기운이 강한 곳으로 볼 수 있습니다.

이렇게 자신에게 부족한 오행은 어떤 행위를 하는가에 따라 채워질 수 있습니다. 부족한 오행을 채움으로써 사주에 균형을 잡아 편안한 삶이 될 수 있습니다.

사주명리로 부자되기
# 주식 투자 치트키

2023년 12월 초판 1쇄

**지은이** 강병욱

**기획** 고우리
**디자인** 강소연, 김가현
**펴낸곳** (주)넷마루

**주소** 08380 서울시 구로구 디지털로33길 27, 삼성IT밸리 806호
**전화** 02-597-2342 **이메일** contents@netmaru.net
**출판등록** 제 25100-2018-000009호

ISBN 979-11-982171-9-6(03320)